猶太教

Judaism: A Very Short Introduction

Judaism: A Very Short Introduction

猶太教

諾曼·所羅門（Norman Solomon）著

趙曉燕 譯

OXFORD
UNIVERSITY PRESS

OXFORD
UNIVERSITY PRESS

Oxford University Press is a department of the University of Oxford.
It furthers the University's objective of excellence in research, scholarship,
and education by publishing worldwide. Oxford is a registered trade mark of
Oxford University Press in the UK and in certain other countries

Published in Hong Kong by
Oxford University Press (China) Limited
39/F, One Kowloon, 1 Wang Yuen Street, Kowloon Bay, Hong Kong

猶太教

諾曼 · 所羅門 著

趙曉燕 譯

ISBN: 978-0-19-943370-4

1 3 5 7 9 10 8 6 4 2

English text originally published 1996 as an Oxford University Press paperback
Reissued 2000, First published as *Judaism: A Very Short Introduction*
by Oxford University Press © Norman Solomon 1996

Hath not a Jew eyes? Hath not a Jew hands, organs, dimensions, sense, affections, passions! Fed with the same food, hurt with the same weapons, subject to the same diseases, healed by the same means, warmed and cooled by the same winter and summer, as a Christian is? If you prick us do we not bleed?

難道猶太人沒有眼睛嗎？難道猶太人沒有五官四肢、沒有知覺、沒有感情、沒有血气嗎？他不是吃着同樣的食物，同樣的武器可以傷害他，同樣的醫藥可以療治他，冬天同樣會冷，夏天同樣會熱，就像一個基督徒一樣嗎？你們要是用刀劍刺我們，我們不是也會出血的嗎？

William Shakespeare, *The Merchant of Venice*, III. i. 63

目　錄

1　各個國家的猶太移民到以色列。從他們不同的外貌，可見他們源於多個種族。© Werner Braun, Jerusalem

前言

找到描述猶太教的準確詞匯

現在，你在讀一本原文用英文寫的著作。顯然，英語不是中立的，它是基督教文明發展的產物，是基督教文化的載體，包含了諸多基督教的概念和假定。基督教在公元一世紀作為一個派別從猶太教（Judaism）中分離出來，基督教從誕生之日起便把自身同猶太教對立起來。因此，用基督教的文化和語言很難像看待神道教（Shinto）和佛教（Buddhism）那樣來簡單地看待猶太教。只要我們看看猶太人（Jew）一詞所包含的歧視意義就可以很容易地理解這一點了。

如果你能提出像「猶太人相信基督的什麼？」、「在猶太教裏面，信仰（faiths）和善行（works）哪個更為重要？」等問題，說明你儘管還身背來自基督教的文化包袱，但已經擺脫了愚蠢的偏見，正逐步接近猶太教。在本書裏面，你會發現許多關於猶太教的問題及答案，但它卻不能幫助你完全擺脫文化上的差異，使你像「猶太教理解自身」那樣來理解猶太教。猶太教不會簡單地圍繞基督教來界定自己，也不會把信仰和善行這兩個概念對立起來。

因此通過本書讓我們擺脫文化上的偏見，對猶太人和猶太教有一個嶄新的認識。下面的表是基督教神學院的學生總結出的一些關於基督教的關鍵詞匯，向那些希望成為基督徒的人解釋基督教，這些詞可能是非常有用的。

上帝，聖父，聖子，聖靈（God the Father, Son and Holy Spirit）

復活（Resurrection）

拯救（salvation）

洗禮（Baptism）

寬恕（Forgiveness）

耶穌殉難（Crucifixion）

更新（conversion）

堅振（Confirmation）

升天（Ascension）

稱義（justification）

經（Scriptures）

信（faith）

愛（love）

耶穌誕生（Nativity）

與神的溝通（Holy Communion）

祈禱（prayer）

依靠（trust）

團契（fellowship）

基督的重生（born again）

服從（obedience）

永生（eternal life）

基督會（discipleship）

第二表是猶太教拉比總結出的一些關於猶太教的關鍵詞匯，可使基督徒對猶太教有一個較為準確的理解。

* 上帝（God, 個人的、歷史的、變化的關係）
* 托拉（Torah 方法、指示、教導，不是法律）

- 誠律（*mitzvah*「聖訓」=托拉的應用=善行）
- 罪惡（*averah* 犯罪、罪）
- 自由意志（Free Will）
- 懺悔（*teshuva* 懺悔、「回歸」上帝）
- 祈禱（*tefilla* 祈求、祈禱文）
- 博愛（*tsedaka* 公正的、正確的=上帝之愛）
- 愛（*hesed* 感情、善良）
- 善的衝動（*yetser tov* 心理上向善的）、惡的衝動（*yetser hara* 心理上向惡的、個人待拯救的對上帝不忠誠的起因）
- 以色列（Israel 人民、土地、慣例）

　　對於那些講英語的基督徒來說，第二表中的一些詞（God、Torah、Israel）是相當熟悉的，但對於編匯此表的人來說卻完全有理由對該表作詳細的注釋，因為儘管人們熟悉這些詞，卻容易對其意義產生誤解。表中還有些詞是希伯來語的日常用語，在希伯來語中是非常「容易」的單詞，但用英語去界定它的意思卻非常困難。

　　儘管如此，第一表中除一些基督學（Christological）詞匯，像son, crucifixion, ascension和nativity以外，其他詞匯完全可以同猶太教徒展開直接對話。但在兩種宗教體系中，這些詞仍有一些細微的差別，所具有的份量也不同。像covenant, salvation和scripture這樣一些精確的

詞匯，在兩種信仰傳統中被廣泛應用，這引起了很大的混亂；它們的用途重疊，但卻不完全一致。從某種意義上來講，缺少共同語言是兩個宗派最終走向分裂而沒有形成一體的主要原因。

不要擔心希伯來語難記難懂，其實，只要你需要，在任何時候你都會得到說明和解釋，但最好的方法還是通過文章、通過閱讀這本書和其他著作或直接同猶太教徒進行交談來掌握希伯來語詞匯。這也是一種語言學習，一種最「自然」的猶太教語言。

宗教不是抽象的，它的追隨者會聲稱「神倡建（inspired）了宗教，神向先知口授他的經文（texts），經文的正確性是永恆的」。這些經文被人們解釋並貫徹到社會生活中，最早展現在我們面前的是兩千多年前猶太人實踐上帝經文的故事。

在這個故事中有四個登場的角色：上帝、托拉、以色列人和當時以色列人所生活的社會環境。其中「關係」是故事中最重要的，以色列人作為「特殊群體」從無間斷地與「普遍群體」（人類作為一個整體形成了周邊文化）進行交流。在那裏，挑戰與回應、緊張與緩和、悲劇與喜劇交織在一起。

顯然，猶太教是猶太人的宗教，那麼，何為猶太人呢？在本書的第一章我們將專門講述這一問題。我們認為，當今的猶太團體同以《塔木德》（Talmud，在第三章我們將提到塔木德）和拉比（Rabbis）為主要標誌

的猶太教傳統有着密切的關係。這種界定除舊約宗教外，仍然使猶太教代表着那些更為反動的神學派別。目前，世界各地的拉比仍以最具權威的希伯來經卷為依據，但正像我們所看到的，這些經卷遠遠不是一些單純的文學讀本。

同樣地，這種界定也不包括在公元一世紀繁榮一時的一些猶太教派，如艾賽尼派（Essene）、撒都該派（Sadducees）、撒瑪利亞派（Samaritans）和猶太基督教派（Jewish Christians）等。在本書的第二章還會再次提到上述幾個猶太教派，同時，這一章還講述基督教作為猶太教的一個教派是如何從猶太教中分離出來的。

我們將集中在宗教問題上，但宗教不能同社會、歷史及宗教信徒的情感經歷和認知割裂開。因此，這本書中包含了大量關於猶太社會和歷史的材料。

面對諸多猶太歷史學家的觀點，我們必須要做出自己的選擇。對於同一個猶太教故事，不同的歷史學家會有完全不同的觀點，例如流淚學派（Lachrymose School）認為猶太歷史充滿了淚水、苦難和折磨，並伴隨着上帝對猶太人一個又一個的懲罰；這一學派起源於12世紀波恩的以法蓮派（Ephraim of Bonn），當時正值第二次十字軍東侵（Second Crusade），萊茵地區、英國、法國等地的猶太人被大批屠殺。還有一派叫「耶路撒冷學派」（Jerusalem school），這派認為全部猶太人的歷史是同以色列的土地緊密相連的。與此相反，著

名歷史學家西蒙·丟布諾(Simon Dubnow)則強調「散居國外的猶太教徒」(Diaspora Judaism)所取得的成就。另外，還有幾種傳統觀點認為，按照真正的聖經的風格，應該把歷史描述為：人的罪惡和懺悔、上帝對人的懲罰和回報；或者說歷史是一個前定的循環，最終將是救世主彌賽亞(Messiah)的到來。10世紀的巴比倫人沙瑞亞·高(Sherira Gaon)認為上帝為人類設置了一種模式歷史將沿着具有權威性的傳統回歸摩西；12世紀的羅森茨威格(Franz Rosenzweig)則根本否認歷史的重要性，他說：「看到上帝，是在歷史的每一個道德行為中，而不是在整個事件的結束；如果歷史是神聖的，我們為什麼需要一個上帝？」

然而，對我們來說，則依然要強調猶太人創造性的歷史。受難、懲罰和被迫遷移的歷史不能否認，但值得慶幸的是，猶太精神經過幾個世紀依然根深葉茂，從無間斷，他的後繼者中有詩人和聖徒，哲學家和聖經評注家，語法學家和塔木德學家，律師和諷刺作家，神職人員和經院哲學家以及許許多多具有恭順信仰的不見經傳的男女猶太人。

第一章
怎樣界定猶太人

西紅柿是水果還是蔬菜？對於植物學家來說，毫無疑問它是水果，但對於廚師來說它卻是蔬菜。那麼西紅柿自認為是什麼呢？當我們用這種認知方式來看待猶太人的身份認同時，也會出現同樣的認同危機。人們機械地把猶太人看作一個種族、一個少數民族團體或一個宗教團體，這使猶太人的身份認同問題發生危機。因為不管認識西紅柿還是猶太人，一旦脫離事物本身，事物便會變得複雜和模糊，但是他們也不適合細分，比如分成蔬菜、水果、民族和宗教，這只適用於在文件架上區別於其他食物和人。

當你突然在路上遇見一個猶太人時，你會怎樣看待他(她)？猶太人中既有黑人也有白人，既有東方人也有西方人，既有皈依者也有「土著者」(nations)，既有無神論者、不可知論者也有信仰不同宗教的。用什麼方法來界定猶太群體呢？世界上有多少猶太人？他們生活在世界的什麼地方？

中世紀基督徒眼中的猶太人

把猶太人的身份認同作為一個問題,現代人會感到出奇的新鮮。但在中世紀,沒有人會把這當作一個問題。他們知道誰是猶太人。猶太人是一群「特殊的人」,是「上帝的選民」(chosen people),正像《聖經》(Bible)所說,他們被上帝選中,來傳播上帝對人的啟示。但在基督徒看來,由於猶太人拒絕了基督,因而遭到上帝的譴責並作為懲罰,把他們打入社會的底層,直到他們最終認同基督。到中世紀末期,基督教的這一預言完全成為現實。基督徒利用他們所掌握的政治權力,把猶太人徹底打入了社會的最底層,正像他們所預言地那樣。猶太人被迫遷移到隔都(ghettos)*,被迫穿上同非猶太人相區別的服裝,並被迫排除在各種行會、職業和土地的擁有權之外;猶太人還被指責為殺害基督的兇手,並被指責在水井中投毒(在黑死病期間);還被指責玷污了聖餅和在逾越節(passover)殺害基督徒兒童並用他們的血祭奠,即所謂的「血祭誹謗」(Blood Libel)。幾乎所有的誹謗都加在了這個流浪的群體上。

從基督教藝術中,尤其是西方的,可以明顯地、甚至令人吃驚地看出猶太人是如何被描繪的。在12世紀以前,人們所描述的歐洲猶太人同其他歐洲人在身體特徵上幾乎沒什麼區別。但12世紀以後,情況發生

* 中世紀歐洲猶太人定居點。本書中隨文注釋除署名者外皆為譯者注。

了突變，歐洲猶太人被描述為鉤鼻、蹼腳，完全是一副醜惡的面孔。12世紀，在歐洲的某些地區，民間甚至認為猶太人頭上長角。當然，並不是12世紀猶太人神秘地改變了自己的長相，也不是到了現代他們又重新恢復了人的長相，而是在中世紀，基督徒有意把邪惡同猶太人聯繫在一起。

這種固執的偏見產生於中世紀的整個「基督教世界」(Christiandom)並一直持續到啟蒙運動代替中世紀的神權體系，甚至在18世紀歐洲啟蒙運動(Enlightment)期間，還有人對猶太人持有偏見。像啟蒙運動的倡導者之一伏爾泰(Voltaire)就認為猶太人是應當受到懲罰的下等種族。啟蒙運動時期，「反猶主義」(anti-Semitism)取代了基督教會的反猶太教。反猶主義在納粹決定對猶太人實行「最後解決」(*Endlösung*或Final Solution)時達到頂峰，對猶太人來說，這是一項屈辱的工程，是從肉體上徹底消滅猶太種族的工程。

但是納粹黨面臨一個問題，即如何確認猶太人。到1933年，人們已經完全明白，猶太人既沒有尾巴也沒有犄角，或任何區別於其他德國人(或波蘭人，或其他任何人)在外部特徵。這樣，納粹黨魁戈培爾(Goebbels)開始利用他所掌握的政治機器，在柏林重演中世紀的政治動畫片，極力醜化猶太人。但瘋狂的反猶主義者所描述的猶太人特徵，同現實中正常猶太人的差別是極大的，因此納粹開始制定法律來界定猶

太人。紐倫堡法律(Nuremberg Law)規定：一個人其祖父母(或外祖父母)中至少有一方是猶太人，即只要有12.5%的猶太血統，就應劃為猶太人。納粹猶太法的依據是1215年教皇英諾森三世(Innocent III)第四次拉特蘭大會(Lateran Council)所制定的反猶太法。該法律包括對猶太人實行聯合、分化及區別服裝等，其主要目標是通過立法來孤立猶太人，以使猶太人同其他人相區分，儘管兩者在事實上並不容易相區別。

中世紀猶太人對自身的認同

　　周邊文化在漫長的發展過程中，基督徒和穆斯林始終堅持把猶太人看作是「另外的人類」，並通過制定法律來徹底孤立猶太人。而猶太人只能根據《舊約》來內化他們的社會地位並對自身作出界定。猶太人認為自己是上帝的選民，是一個失去國土的民族。同他們的壓迫者一致的地方是猶太人承認他們之所以被迫流浪是因為他們的罪(sin)而受到上帝的懲罰，但猶太人的最終結論所依據的不同於基督徒和穆斯林。基督徒和穆斯林認為上帝的懲罰是對猶太人的拒絕和放棄，而猶太人自己則認為這種懲罰是上帝對猶太人特殊「選民」地位的堅振(Confirmation)，因為「上帝會懲罰他所愛的人」(《箴言》3:12)，那些被迫流浪的民族，就像古代處在蒙昧階段的偶像崇拜者(idolaters)，他們的讚美和他們為罪惡所付出的全部代

價都將被拒絕，直到有一天上帝用他無限的仁慈來救贖和維護他的子民。

在整個中世紀，甚至更晚一些，無論在何地，人們依然固守中世紀的態度和社會結構，因此，猶太人不存在身份認同的問題。他們擁有自己的文化傳統，卻又身處異族的文化環境，兩種文化之間似乎有一道無形的壁壘，它們被迫沿著兩條平行的直線發展，這使猶太人無法同他所生活的社會環境融為一體。

當然，猶太人在身份認同上也存在一些較為模糊的界定，但這些模糊的界定沒有大問題，通過傳統的法則很容易給出判斷。例如，父母為猶太人的兒童被敵人掠走並作為基督徒撫養，當他重新回到父母身邊時，他的身份該如何界定？還有，如果猶太婦女被基督徒士兵或封建領主強姦(這種事情可能發生但不會經常出現)，該婦女所生孩子的身份該如何界定？要使這些問題明了，所依據的傳統法則至少要追朔到羅馬時代。羅馬法規定：只要父母為猶太人，孩子一定是猶太人；父親是猶太人而母親是非猶太人，那麼孩子不屬於猶太人，除非或直到孩子皈依猶太教。今天，這些法則仍然適用於大多數猶太社團。但最近受男女性別平等思潮的影響，美國的猶太人改革大會已決定，只要父母的任何一方屬猶太人，那麼孩子完全有權力加入猶太社團，而不需要任何方式的改宗儀式。

現在猶太人對自身的認同

米切爾・梅亞（Michael Meyer）是辛辛那提希伯來聯合學院（Hebrew Union College）猶太教研究所的猶太史學家。在最近出版的一本關於猶太人身份認同的著作中，他吸收了社會學家埃瑞肯森（Erik H. Erikson）的研究成果，闡述了自己對猶太人身份認同的一些觀點。他認為：

> 個體所信仰的全部特徵構成了猶太人的整體和自我。個體的認同基於他們未成年時所接受的認知價值，而這些認知是通過成年人的價值觀和行為模式的影響而形成的。隨着個體步入成年，這些認知價值不僅要相互融合而且還將與個體將在其中扮演一定角色的社會標準和社會規範相融合。這個過程就是「認同形成」（identity formation）⋯⋯

與「個體將在其中扮演一定角色的社會標準和社會規範」相融合對生活在隔都中的猶太人來說並不存在很大的問題；對猶太人來說，個體是猶太社會的一員，猶太社會作為一個封閉的社會，其社會規範和社會價值同個體從養育他的家庭中所獲得的價值觀是一致的。個體的價值認同與社會的價值認同之間幾乎沒有嚴重的衝突，家庭、社區以及家庭、社區以外的諸多因素形成了一個界定清晰的價值認同定義。然而，隨

着猶太人在歐洲和美國甚至整個世界獲得公民權，自我封閉的社會開始逐漸被打破，他們感到自己已經完全屬於這些國家；特別是年輕的一代，對童年時代所接受的社會規範和價值認同表現出強烈的叛逆，他們更喜歡接受新社會的價值觀，猶太人的身份認同正變得模糊起來。

梅亞認為，有三大因素影響了當代猶太認同。這三大因素是：啟蒙運動、反猶主義和以色列猶太國家的出現。讓我們看看這三大因素是如何影響當代猶太人的。

隨着猶太人擺脫隔都生活的限制，啟蒙運動進程在猶太社區大大向前推進，猶太群體自身同現代文明已變得更為協調，這就意味着：猶太人必須學會通過理性和宣講來為自己的行為進行正當辯護，而不僅僅只通過向權力部門呼籲。這是啟蒙運動給予猶太人的特殊啟示，它也意味着公共法（Public Law）應該視所有公民一律平等，這使猶太人獲得新的公民權，但同時也否定了他們自認為「特殊選民」的身份。

在這一點上或許沒有人比克萊蒙特（Clermont Tonnerre）伯爵更激進的了。1789年法國大革命政府成立國民議會前夕，克萊蒙特伯爵極力為猶太人爭取完全的公民權。他認為，「法國的猶太人作為一個民族（nation）所享有的一切權利應被拒絕，但作為個體（individuls），猶太人有權成為法國公民；」但作為取

得法國公民權的代價，猶太人必須被迫放棄他們的群體特徵和民族自決權。個體的自主取代了傳統猶太社區的權利，宗教變為純粹個人的「私事」。儘管這種變化受到大多數猶太人的歡迎，並迅速從西歐傳播到中歐部分地區，但保守的猶太人卻激烈地反對這一變化，他們認為這直接威脅到猶太社區的權利和傳統的宗教信仰和實踐。正像彼特‧伯格（Peter Berger）所說，在現代社會，傳統信仰的合理性架構一旦受到人們的置疑，宗教異端便會變得司空見慣，個體的選擇取代了過去猶太人對社區權威不容置疑的接受。

按梅亞的觀點，反猶主義對猶太人認同意識的影響是多方面的。一方面，外部世界的拒絕導致了猶太人堅定的自我認同意識；歧視和迫害常常伴隨着宗教運動的復興和發展，特別是當啟蒙運動的觀點和理想逐漸對民眾失去吸引力以後。1840年發生大馬士革事件（Damascus Affair），當這個城市的猶太人被控告「祭神殺牲」（ritual murder）[*]，當大批猶太人受到威脅並被判刑時，大馬士革事件激起了全世界猶太人的抗議，在歐洲，甚至遠在大洋彼岸的美國，憤怒的猶太人紛紛走上街頭舉行集會抗議。這次集會抗議的發起人是英國的摩西‧蒙特費羅（Montefiore）和法國的克瑞米西（Adolphe Crémieux）。大馬士革事件使全世界猶太人重新聯合起來並達成共識。1858年又發生蒙特勒事件

---

[*] 即血祭誹謗。

（Mortara Affair），基督徒誘拐一名猶太兒童並對他秘密實施洗禮，最後把這名兒童送進修道院。這一事件直接導致了1859年美國猶太人代表大會（Board of Delegates of American Israelites）和1860年全體以色列人法國聯盟（French Aliance Israelite Universelle）的成立，而在1760年英國喬治三世（George III）時代，英國已經成立了不列顛猶太人代表大會（Board of Deputes of British Jews）。嚴酷的現實使猶太人懂得了團結的重要，只有團結起來才能捍衛自己的權利。

另一方面，反猶主義也導致一部分猶太人對自己的猶太社區和猶太身份感到厭惡，並試圖同基督文化融為一體，以達到消除自己猶太身份的目的。當猶太人察覺到他們被非猶太人所貶低，在猶太人自己眼中，他們可能也感到一種自我貶低，某種程度上，對猶太人的這種歧視在猶太人中得到內化並使他們完全陷入「自我貶低」（self-hatred）的感覺中。他們試圖通過改變自己的姓名、外表甚至生活方式來最大限度地使自己同周邊文化相融合，這樣他們的猶太身份就不會立刻顯現出來。按米切爾‧梅亞的話，「反猶主義對猶太人的歧視使猶太人在非猶太人佔主流的現狀下產生了自我意識非常強的一代，其結果是在這個以搜索為樂趣的毫無信任可言的外部世界，猶太人努力保持在盡可能長的時間內，盡可能地掩飾自己的猶太身份。」

馬克思早在1844年就曾寫過一篇名為《關於猶太

問題》（On the Jewish Question）的文章，這篇文章非常典型地反映了猶太知識分子對其猶太身份的自我憎恨。他認為猶太教既不是宗教也不是某種身份資格，而是一種獲取的願望；對猶太人的這種定義完全忽略了中歐、西歐廣大猶太無產者。他還認為基督教是從猶太教中衍生出來的，兩者的對立實際上是資產階層的資本對立。顯然，他是在逃避自己的猶太身份（他在六歲時已經實施過洗禮，他的父母雙方都出自拉比後裔），「認同」費爾巴哈的反猶文化背景。堅持他所採取的猶太主義理念，並在其社會主義宇宙神論*的猶太特殊性中尋求庇護。

馬克思最密切的合作者之一是摩西・赫斯（Mores Hess）。赫斯年齡略長於馬克思，憑他個人的資格他應是著名的社會主義思想家。在赫斯職業生涯的早期，他寫過一篇文章表達了對於猶太人的態度，其觀點很接近費爾巴哈和馬克思，但後來他又承認了自己的猶太身份。1862年，赫斯在德國出版了猶太復國主義的經典著作《羅馬和耶路撒冷》（*Rome and Jerusalem*）。在書中他重申，猶太的身份認同不是一個宗教範疇，而是一個種族的範疇；猶太民族要想獲得獨立和自主，必須要建立自己的家園。他首先提出了「重返錫安」（Return to Zion）的概念，並掀起了當代歷史上第三次猶太身份認同的高潮。

---

*　universalism，其主要觀點是，相信人類終將得救。

2   沒有哪位領導人比拿破崙·波拿巴在歐洲實現平等權利做出了更多貢獻。 1807年，他召集了猶太名人的Sanhedrin，授權他所期望的承諾，以此作為獲得全面公民身份的基礎。

錫安主義(Zionism)的構想創始於1892年，它基於宗教和世俗兩大孿生的根源。從宗教根源看，重返錫安是上帝對猶太人的先知亞伯拉罕(Abraham)居住在以色列土地上的許諾。在時間的長河裏，通過猶太人的經文、祈禱以及猶太人對履行上帝戒律的強烈願望，重返錫安的觀念不斷在人們的頭腦中得到加強。早在1782年(立陶宛)維奧那城的以利亞(Elijah of Vilna)經歷了一次「顯聖」(vision)，上帝號召以色列人重返錫安並實踐復興以色列土地的計劃。19世紀40年代，一位名叫雅胡達(Yehuda Al Kalai)的塞爾維亞拉比，毫無疑問受巴爾幹民族主義思潮的影響，對重返錫安的古老夢想做了重新解釋。他的解釋已經非常接近當代政治意義上的錫安主義。

錫安主義作為一種政治主張，主要來自19世紀末期世俗的猶太社會主義者，其主要代表是赫斯和被稱為「當代錫安主義之父」的赫茨爾(Theodor Herzl)。他們不僅完全否認了傳統的猶太信仰，而且認為啟蒙思想和普世主義只能侵蝕並淡化猶太身份，卻不能起到消除反猶主義的作用。

19世紀的一些猶太民族主義思想家和政治家，對普世主義表現出強烈的不滿，他們不願意放棄自己的猶太身份，但完全成為歐洲本土的民族主義者，對他們來說是不可能的。為了擺脫這種「兩難困境」，他們創建了猶太民族主義，即「猶太復國主義」(錫安主義)。

亞瑟・金斯伯格(Asher Ginzburg)以他的希伯來化名阿哈德・哈－曼(Ahad Ha-Am，意思是「人民中的一員」)著稱，他試圖闡述一種世俗的猶太身份。他的「文化錫安主義」(Cultural Zionism)呼籲猶太人重返以色列，並在這塊土地上創造一種嶄新的猶太文化，這種文化必須要維護先知的道德規範，並在肉體和心智上保持法利賽人的平衡(Pharisaic Balance)，只有這樣才能在宗教教條和拉比儀式限制之間獲得自由。

領導政治錫安主義的世俗主義者的態度遭到宗教領袖的強烈譴責。儘管彌賽亞降臨之日人們將重返「聖地」的預言是宗教人士一直在孕育着的一個夢想，但宗教領袖們仍然反對這一政治運動。然而宗教錫安主義運動最終還是形成了，尤其是納粹屠猶(Holocaust)和以色列國家的建立最終成為現實。大批的宗教界猶太教徒遷移到以色列，並給予以色列國家以最大的支持。然而宗教信徒和世俗主義者之間的長期分歧並沒有消除，在以色列國內宗教力量和世俗力量之間的政治紛爭和社會緊張局勢依然存在。

世界猶太人的分佈

1939年戰爭爆發前，在歐洲生活着大約一千萬猶太人，在美國有五百萬(主要集中在北部)，在亞洲(包括巴勒斯坦)有八十三萬，在非洲有六十萬，在大洋洲有一小部分，全世界共有一千八百萬。戰爭爆發以

後，大約有六百萬(準確數字有爭議)猶太人在戰爭中被殺。中歐曾經是猶太移民文化的心臟，但在戰爭中大部分猶太人被殺，活下來的人幾乎都遷徙到巴勒斯坦－以色列猶太人定居點。另外，近東和北非的大部分猶太人也紛紛遷移到以色列，使以色列地區人口數量迅速增加，並成為猶太世界的中心。目前，北美和以色列是猶太人的主要集中地區，而法國已超過英國成為除俄羅斯以外歐洲猶太人數量最多的國家。在埃及、伊朗和伊拉克等穆斯林國家，過去一度繁榮的猶太社區現在幾乎消失(參見表11)。

表11　猶太人口在10000以上的國家(單位：千人)

阿根廷	240	立陶宛	11
澳大利亞	106	墨西哥	48
奧地利	12	摩爾多瓦	65
比利時	30	摩洛哥	10
白俄羅斯	10	巴拿馬	10
巴西	250	羅馬尼亞	14
加拿大	356	俄國	1000
智利	2	南非	90
捷克共和國	12	西班牙	12
丹麥	10	瑞典	18
法國	600	瑞士	18
德國	67	土耳其	25
荷蘭	25	英國	300
匈牙利	100	烏拉圭	35

伊朗	25	烏克蘭	600
以色列	5619	美國	5950
意大利	35	委內瑞拉	20
拉脫維亞	17		

當代猶太認同

　　1992年在牛津召開了一次關於當代歐洲猶太認同的學術會議，會議的召集人是社會人類學家約拿單·韋伯(Jonathan Webber)博士。他強調指出，應該反對任何企圖通過表面特徵來弱化猶太認同的過分簡單化的嘗試，因為這將對猶太認同的研究產生誤導。例如，嚴格的正統派哈西德(Orthodox Hasidic)猶太人可能會按照他們自己的方式著裝，而這些服裝看起來特別落後和過時；但是，哈西德派在最現代化的大都會，例如紐約，卻一直能相當興旺。原因之一是他們在現代資本主義的經濟體制下，找到了最佳方式來適應社會的需求。

　　韋柏強調的這一切是對的，但實際情況比他所說的要更複雜。個體的身份認同是由諸多因素構成的，猶太人的身份構成因素也遠遠不止一個。今天歐洲猶太人認同特徵的諸多方面是經過廣泛的選擇後形成的，認同形成的展開不僅是通過對猶太根源的研究也通過同其他猶太人的廣泛接觸。在某種程度上，歐洲猶太人最終所形成的特徵主要受家庭、社區、個人經

歷及周圍文化等因素的影響。一旦歐洲猶太人接受了基本的知識，那麼在影響歐洲猶太認同的諸多因素中，最主要的則是納粹屠猶對猶太人的衝擊和以色列國家建立的重要意義。

今天大多數猶太人生活在世俗主義和多元文化的國家。寬鬆的社會環境為猶太認同的發展創造了無限的機遇，並使猶太個體能夠抵制一些權威人士，包括一些猶太領袖，對猶太人所作的定義。

當然，必須要建立猶太社區，甚至更大的猶太組織，這些社區和組織要有一個「邊界」。這個「邊界」起碼要有一個最小限度的界定，在這個界定裏，哪些東西在其內，哪些則在其外。猶太社區和組織之間應該在最大限度內尋求相互接納和認同。使一些人感到不安和擔憂的是社會準則對猶太人仍有一些偏見，然而這同窒息個人自由、壓制猶太教發展相比是一種較輕的罪過。

當戰火在歐洲熄滅，如果或當持久的和平降臨以色列和中東時，沒有人會知道猶太人的身份界定將採用何種方式，但毫無疑問，一種嶄新的、與眾不同的界定形式肯定會出現。只有愚蠢的人才會去預測猶太教的未來，而他們將是錯誤的，但這不會給猶太認同帶來巨大傷害。只有那些追求權力的惡棍試圖把自己的模式強加給未來，他們最終會以失敗而告終，而他們所作的任何嘗試都將會對社會造成巨大的損失。

第二章
基督教和猶太教的分離

故事的開始

　　猶太教始於何時？它真的是世界上最古老的宗教嗎？如果相信專家關於人類進化方式的論述，你當然不會相信猶太教是歷史上最古老的宗教。幾十萬年前，舊石器時代的人們已經有了宗教信仰和宗教儀式。他們居住在山洞裏，那裏有許多描述他們生活的壁畫。通過這些壁畫以及他們的墓葬，我們可以想像他們的宗教生活。古埃及的神廟和宗教已經非常古老，而那時，年輕的摩西(Moses)還在法老(pharaoh)的王宮裏。

　　但是，或許你願意相信《聖經》裏簡單明了的經文，那麼答案就取決於你對猶太教的理解。你認為猶太教始於公元前18世紀，當亞伯拉罕被上帝宣佈為猶太人的祖先(恰巧也是阿拉伯人的祖先)時嗎？

　　或者認為猶太教始於摩西在西奈山(Mount Sinai)接受十誡(Ten Commandments)之時，這比亞伯拉罕時代大約晚了四五百年；還有一種看法認為猶太教始於希伯來聖經完成之日，這比摩西時代還要晚一些。

猶太紀年的計算方法

根據《聖經》，傳統的猶太紀年方法，可以追溯到亞當和夏娃時代。猶太紀年把創造亞當定在公元前3760年（作為猶太元年），這也是為什麼「猶太紀年」仍用於宗教目的之原因，而且（猶太元年）在公元之前許多年。例如，1998年是AM 5758年，而2000年是AM 5760年（猶太紀年用AM表示，即*anno mundi*，它代表上帝創世的時間）。

上述的看法都存在一個比較大的問題。我們今天所認知的猶太教同聖經宗教（biblical religion）在許多方面存在差異。例如，嚴格地說，猶太教不相信「以眼還眼」；猶太傳統對「死後復生」有着強烈的願望，但希伯來聖經卻沒有這方面的描述。因此，把今天我們所講的猶太教等同於三四千年前的猶太教是非常錯誤的。我們只能這樣說，《聖經》中最早、最古老的部分是今天猶太教的「根」。

在本書中，當我們談到「猶太教」（Judaism），我們認為它的內容要遠遠多於猶太宗教的「根」所包含的內容。我們把猶太教稱為「拉比猶太教」（rabbinic Judaism），它是關於猶太人生活方式的一整套規定，它植根於聖經並由拉比在公元2世紀完成。這裏所說的「拉比猶太教」是現存猶太教所有形式的基礎。嚴格說來，改革派猶太人（Reform Jews）與正統派猶太人（Orthodox Jews）相比，前者同「拉比猶太教」的聯繫要

相對輕一些（關於改革派和正統派的不同我們將在第七章專門講述），但對改革派和正統派猶太人來說，拉比猶太教是他們各自信仰和實踐的參照點。

許多人把拉比猶太教描述為「雙重律法」的宗教，因為拉比猶太教既有「口傳律法」（即口傳托拉，oral Torah）也有「成文律法」（written Torah），口傳律法（傳統）是對成文律法（希伯來經卷）的解釋和補充。〔你也許會注意到「成文法」（written law）和「口頭法」（oral law）這兩個概念，但把Torah翻譯為law是不準確的，Torah更接近於「方式」（way）或「指導」（instruction）〕。

現在基督教也像猶太教那樣把他們的精神祖先上朔到摩西、亞伯拉罕、亞當、夏娃，但他們之間有一個較小的差別，當主教厄瑟（Ussher）在計算上帝創造亞當、夏娃的年代時，把時間定在公元前4004年；而猶太人把上帝創造亞當、夏娃的時間定在公元前3760年。他們都把托拉－希伯來聖經奉為自己的經典。基督徒也像猶太人那樣把希伯來聖經作為他們的基本意識，但他們對希伯來聖經的解釋不是根據「口傳托拉」而是根據《新約》（New Testament）。

但解釋上的不同一開始並沒有變得那樣明顯，直到保羅（Paul）寫了那封信。在時間的某一點上，或許在公元一世紀中期，即耶穌誕生之初，猶太教和基督教之間還沒有一條明確的界限。確實耶穌（Jesus）從沒

有認為自己是在傳播一種猶太教以外的宗教；「不要認為我來到這個世界是為了廢除猶太教的律法和先知，我降臨世界不是為了廢止而是為了實現」（馬太福音5:17）。如果你曾問耶穌或其他人或耶穌的弟子他們擁有什麼宗教，他們將會立即告訴你那是猶太教。

儘管兩者有密切的聯繫，為什麼最終還是分裂為兩種不同的宗教呢？有一個傳統的猶太教故事和一個傳統的基督教故事，它們分別講述了猶太教和基督教分裂的原因。

傳統的猶太教故事認為：猶太教是一個古老的宗教，由摩西在西奈山接受上帝的訓誡而創建。自此以後猶太人便一如既往地捍衛猶太教。在公元一世紀的某個時間，耶穌和他的使徒保羅（Paul）創建了一種新宗教，他們從猶太教中借用了一些重要的經文，廢止了十誡，並融進一些奇怪和不正確的觀念，例如，他們把耶穌看作是彌塞亞（Messiah），甚至是上帝的化身（incarnation）。

傳統的基督教故事告訴我們：猶太教是一個古老的宗教，由摩西在西奈聖山接受上帝的訓誡而創建，猶太人自此便精心維護自己的宗教。在公元一世紀的某個時間，耶穌降臨並致力於實現猶太教的「完善化」。不幸的是，猶太人不感激這一切，並固執地堅持那種已過時的宗教。

對同一個故事的二種描述有一點是共同的，即承

認猶太教和基督教是兩種顯然不同的宗教，任何一方都是在「羽毛豐滿」之際，在時代的某一點上從天空降臨(或是被創造)，猶太教是在摩西時代的某一天下降，而基督教是在耶穌時代的某一天下降。二者的差別在於他們對基督教的評價不同以及他們同猶太教的關係。但是兩種宗教都一致認為猶太教是「母親」宗教，基督教是猶太教的「女兒」，儘管基督教是一個誤入歧途的女兒(按猶太教的觀點)。

據來自世界各地的學者報道，這兩種描述具有廣泛的影響。大約在公元前1400年，猶太教還不能作為一種成熟的宗教融入社會生活；基督教在公元30年，甚至在更晚的保羅時代，也不能算是一種成熟的宗教，儘管保羅曾像成熟的教會那樣，宣佈基督教的信條(creed)和教義(catechism)。猶太教和基督教經過幾個世紀的發展，形成了各自的經文(texts)、宗教實踐(practices)和宗教信仰(beliefs)，並形成了各自的傳統形式。直到今天，兩種宗教共同存在，並為響應不斷變化的世界而發展和感悟。的確，為了使各自的宗教永遠保持活力和生機，甚至直到今天，猶太教和基督教從沒有停止過根據現代知識、道德進化的態度和對世界問題的重新理解來重建自身的工作。

令人奇怪的是，《塔木德》(*Talmud*)及其他拉比猶太教經典裏所能發現的經文，其成書時間要晚於基督教的基本經典《福音書》(*Gospels*)。最近，教皇曾把

猶太人比作基督教的「老大哥」。嚴格說來，教皇的這個比喻是錯誤的。其實，猶太教徒和基督徒都是希伯來聖經(Hebrew Scriptures)的「子孫」。但如果根據《新約》和《塔木德》的成書時間，那麼基督教則是猶太教的「老大哥」。

猶太教和基督教的起源

今天，去以色列參觀，你在那兒可以看到猶太會堂(Synagogues)和教堂，也可以看到伊斯蘭教、朱斯教(Druze)、巴哈依教(Bahai)和其他宗教的聖地；並且可以在這個國度內，體驗不同宗教的崇拜儀式。如果你特別渴望了解宗教、充實自己的精神世界，那麼你還可以在任何一所或多所神學院學習一段時間，神學院可以是不同宗教的，也可以是不同派別的，或者你坐在一些偉大學者的腳下接受他們對你的鼓勵。

你或許已經作了許多與在耶穌時代相似的事情。許多人已經這樣做了。約瑟夫(Joseph)是馬塔蒂亞(Mattathias)之子，他是兵家出身，歷史學家，名弗拉維·約瑟福斯(Flavius Josephus)並以此名著稱。在公元一世紀中期，當他十幾歲時，便開始遊歷，作為他個人精神探索的一部分。他的後半生定居在羅馬並受到羅馬皇帝的恩寵，在他的自傳和他偉大的著作《猶太古事記》(*Antiquities of the Jews*)中記錄了他的經歷。

根據約瑟福斯的記載，公元一世紀，猶太教分為

四大教派(sect)或哲學派別(Philosophies)。第一個教派是法利賽派(pharisees)，約瑟福斯與該派成員聯繫最為密切。法利賽教派內部成員依照理性，生活很有節制，他們尊重老者，信仰神聖的天意(providence)，追求信仰自由和個人的永恆不朽。該派贏得民眾的支持並對民眾的宗教生活起到指導作用。第二個教派是撒都該派(Sadducees)，這一派拒絕接受死後復生的信條，只接受神聖的天意。第三個教派是艾賽尼派(Essenes)，大多數學者認為《死海古卷》(*Dead Sea Scrolls*)中記述了艾賽尼派的大量活動蹤跡，庫姆蘭社團就屬於該派。艾賽尼派主張一切歸於上帝和心靈不朽論。該派最引人注目的是他們的生活模式，他們遠離社會、遠離聖殿，過着清苦的集體生活，財產公享，終生不婚，也不養奴隸。約瑟福斯自稱他曾花費了三年時間師從該派成員之一巴農斯(Banus)。巴農斯生活在沙漠中，只用幾片樹葉來遮蓋身體，生活自給自足。第四大教派是奮銳派(Zealots)，約瑟福斯同該派幾乎沒有聯繫。該派的宗教觀點同法利賽派基本保持一致，但該派屬於較為激進的左翼派別，具有極強的戰鬥性，為了捍衛上帝賦予猶太人的自由而不惜犧牲個人的生命。

公元一世紀，巴勒斯坦地區的宗教生活遠比約瑟福斯所提到的要複雜的多。雖然不像今天在以色列所看到的那樣，那時的巴勒斯坦地區沒有伊斯蘭

教、朱斯教和巴哈依教等宗教，但卻有撒瑪利亞人（Samaritans），作為猶太教的一個派別，該派有自己獨特的種族特徵，並在格雷茲姆山（mount Gerizim）有他們自己的殿堂。還有各種猶太教的神秘主義派別，他們自稱具有通往天堂的密訣和接近上帝的方法。還有一些啟示派空想家，他們宣稱最後審判（God's Judgement）和世界末日（end of the world）的到來。當年輕的約瑟福斯在巴勒斯坦開始他的精神遊歷時，那裏還有許多耶穌的追隨者，但這些人從沒有吸引他的注意力。除了猶太教的各種派別外，還有異教徒和神秘主義的信徒在羅馬帝國廣泛傳播，而拜火教（Zoroastrian religion）[*]在東方國家佔主導地位。所有這些沒有引起約瑟福斯的興趣，他最關注的是希臘文化，特別是希臘的歷史和文學。

因此我們說，在公元一世紀中期，基督教還只是猶太教中一個較小的派別，而在羅馬帝國境內，猶太教自身也只是一個宗教少數派。通過歷史記載我們知道：基督教作為猶太教的一個少數派，從猶太教的「母體」中分離出來，經過幾個世紀的演變和發展，最後終於擺脫了過去異端的地位，成為歐洲居主導地位的宗教。法利賽派的學說則逐漸演進成為拉比猶太教的學說。從公元七世紀開始，伊斯蘭教興起，伊斯蘭教吸收了猶太教關於上帝和社會的大量學說，並迅速把它傳播到亞洲和非洲。

---

[*]　又稱祆教。

但耶穌的追隨者為什麼最終要從猶太教中分離出來呢？既然他們的教義都主張愛他們的鄰人，為什麼兩教之間的相互仇視會那麼深呢？

基督教和猶太教分離的原因

《新約・使徒行傳》（*Acts of the Apostles*）的第十五章，記載了發生在早期基督教派內部教派領袖之間一次不尋常的對立，時間大約是公元50–60年。保羅（Paul）曾經強烈反對跟隨耶穌的基督徒，後在去大馬士革的路上，被天堂之光擊倒，從此他加入了他曾十分蔑視的基督教會。後來，他同朋友巴拿巴（Barnabas）一起從敘利亞的安提阿（Antioch）返回，尋求耶路撒冷教會領袖對他主張的支持。保羅認為，異教徒皈依基督教不需舉行割禮（circumcised）儀式，也不必宣誓服從「摩西誡律」。

保羅的觀點在耶路撒冷會議（the Jerusalem）上引起激烈的爭議。保羅和彼得（Peter）倆人本身都是猶太人，他們認為必須要放寬對誡律的嚴格要求，只有這樣才能使異教徒更容易皈依基督教。其他人則認為完全承認托拉及托拉律法非常重要。最後，耶穌的哥哥詹姆斯（James）提出一個折衷建議：教會不應該背負太沉重的包袱，但對於皈依基督教的異教徒至少應該要求他們「遠離被偶像崇拜者污染的食物、遠離敗壞道德的性混亂、遠離自死動物的肉、遠離動物的血」

（《使徒行傳》15:20）。這一折衷建議得到雙方的認同，並很快傳播到安提阿、敘利亞和加利利。

但通過其他史料我們知道，這一折衷建議並沒有得到所有黨派的贊同。一方面，保羅本人反復聲稱「摩西誡律」（除遠離因窒息致死的動物的肉及其他一些禁誡外）必須要廢止；另一方面，包括詹姆斯在內的「猶太基督教派」（Jewish Christians）卻完全奉行摩西的誡律，儘管這一派受到保羅基督教徒（Pauline Christians）的壓制，但它仍持續繁榮了幾個世紀。我們能夠想像新約所講述的耶路撒冷會議帶有很大的主觀性，因為《新約》是由保羅的追隨者寫的，而且最終使基督教擺脫猶太教，發展成為一個獨立的宗教。由勝利者來寫歷史，必然帶有勝利者的主觀傾向。

耶路撒冷會議的真實情況如何，對我們來說並不重要，重要的是《使徒行傳》為我們探究猶太教和基督教的分離提供了重要的史料和線索。顯然，托拉律法是否繼續有效用成為兩者最大的分歧。這不僅僅是教義上的分歧，而是一種嚴重的社會分裂。因為一個民族、一個宗教團體是通過它的律法、風俗習慣和宗教儀式來表達它的身份認同的。少數派的異議或個人的失誤有時可以被包容，但如果某個集體共同一致放棄某種法律，表明這個集體是在拒絕某種社會認同。保羅把異教徒吸收到猶太社團的打算，好比「把一棵野生的棕櫚樹嫁接到一棵根壯葉茂的大樹上」（《羅馬

書》11:17），兩者是不相容的，因為異教徒的進入，完全不符合猶太人所認同的那種社會模式。最終，「猶太人和異教徒」沒有達成聯合，卻形成了兩個相互對立的團體，每個團體都自稱是「真實的以色列人」。

在《使徒行傳》中我們還可以清楚地看到：在公元一世紀中葉，耶穌的追隨者們已自成一派，他們反對耶路撒冷的猶太教領袖，同時，他們也遭到猶太教領袖們的反對。耶路撒冷的其他反對派，例如死海派（Dead Sea sect），該派脫離耶路撒冷的領袖，但卻沒有最終發展成一種新宗教。那麼為什麼只有基督教派會最終發展成為一種新宗教呢？

把耶穌稱為救世主彌塞亞，這本身不足以用來解釋猶太教和基督教分裂的原因。在耶穌之前，還有許多教派從自身利益出發，自稱是救世主降臨，但卻遠遠沒有耶穌降臨影響深遠。儘管如此，在一個團體有不尋常的事情發生，該團體宣稱已死去的人作為彌塞亞轉世；對所有的人來說，當羅馬人的壓迫明顯比以往更加嚴重、而預期的和平年代並未到來之時，宣稱彌賽亞已經到來是一種自相矛盾的事情。

任何事物的發展都不是孤立的，而是教義的差異，以及社會因素和外部環境諸因素獨一無二的結合，這些因素的合力最終促使基督教派脫離猶太教成為一種嶄新的宗教。公元一世紀70年代，羅馬帝國的

統治者燒毀了耶路撒冷的猶太殿堂，這一事件加劇了猶太教和基督教分化。基督徒認為燒毀殿堂一事表明上帝對猶太教徒的放棄和對基督教教義的堅振。猶太教徒則認為：這是上帝對猶太人罪(sin)的懲罰而不是對他們的放棄，就像嚴父懲罰他的孩子一樣。緊接著耶路撒冷事件，羅馬帝國皇帝維茲培占(Vespasian)又向所有的猶太人徵收一項特殊的稅收——猶太印花稅(*fiscus Judaicus*)。有強烈地物質動機可以證明猶太教同羅馬帝國結為聯盟的距離已經拉大了，這一政策把猶太人打入了底層。

公元一世紀70年代以後，猶太教和基督教當然不可能再回到過去。當基督教和猶太教對各自的宗教作出界定時，信條的不同加深了雙方的對立，他們都把對方擺在同自己對立的位置上，而且基督教發展形成了一整套關於對猶太人的「歧視學說」(teaching of contempt)。這一學說導致了以後猶太人一幕幕悲劇和一起又一起流血事件的發生，這已經完全背離了基督徒的立場，納粹屠猶把這一學說發展到了極至。

基督教和猶太教是怎樣界定自身的？

公元一世紀70年代以後，猶太教和基督教開始著書立說來界定自己。他們相信對今世和來世的什麼呢？他們又是如何構建自己的組織及採取何種祈禱形式，並規定各自的宗教節日和宗教儀式的呢？

3　基督教教堂和猶太會堂中具有對比意義的象徵性人物雕塑

耶穌基督被看作中心，基督徒花費巨大的精力來明確信仰。三位一體(Trinity)的概念存在爭議，反對這一概念的人常常被誹謗為叛教者並受到懲罰。由於猶太教徒拒絕接受基督徒要求接受的耶穌，他們得到一個特殊的、污辱性的名稱「基督的敵人」(enemies of Christ)。猶太教也因此被基督徒斥責為一種陳腐的、不守信用的宗教。基督教會的教士在布道中宣揚仁愛(Love)，卻在公開場合表達對猶太人和猶太教的憎恨，而這種做法增加了反猶主義的廣度和範圍，偶爾，在非基督徒(pagan)的經典作家中也能發現一些反猶主義色彩；猶太人「殺害了基督」。

而猶太教拉比卻很少用心對自己的信仰作出一個正確的界定。認為信仰上帝是自明的信條，上帝的天啟(Revelation)貫穿《托拉》，把猶太人視為上帝的選民；他們根據神聖的誡律(*mitzvot*)來界定自己的宗教，其範圍不過是從「愛你的鄰人像愛自己一樣」(《利未記》19:18)、「愛你的上帝」(《申命記》6:5)等教義到一些細小的宗教儀式。

猶太史料對基督教始終保持沉默。總體而言，猶太拉比認為基督教不存在，他們的職責僅僅在於闡述《托拉》及其誡律。你仔細讀一下拉比們的著作就會發現，對於基督徒所說的一切，他們並沒有作出任何回應。

沒有人會確定在公元最初的幾個世紀，猶太教和

通過對《聖經‧雅歌》的評注看猶太教和基督教的差別

基督教教士奧雷根(Origen)生活在羅馬帝國統治下的巴勒斯坦，公元254年逝世。拉比‧優哈拿(Rabbi Yohanan)與奧雷根是同時代的人，他倆都曾對《雅歌》(biblical Song)中的聖歌作過評注，並把它們作為祈禱中的讚歌。對奧雷根來說，聖歌代表着對上帝、基督和奧雷根的「新娘」教會的讚美；對優哈拿來說，聖歌代表着上帝和他的子民之間的愛。

一位美國學者基米爾曼(Reuben Kimelman)通過對奧雷根和優哈拿的評注分別加以分析研究後發現，他們之間存在五點不同，依據這五方面的差別，雷本對基督教和猶太教信仰也概括出五方面的不同：

1.　奧雷根認為摩西是上帝和以色列人定立契約的中介，上帝和以色列人之間沒有直接的關係；與此相反，基督徒和基督是直接關係。另一方面優哈拿則指出上帝和以色列人的契約關係是通過摩西與上帝的對話來完成的，由此使以色列人同上帝建立直接關係。優哈拿強調上帝與以色列人之間的親近和愛，而奧雷根卻把這種關係拉遠。

2.　奧雷根認為新約使希伯來聖經進一步被「完善」和被「替代」；根據優哈拿的觀點，強調「口頭托拉」是對希伯來聖經的完善，而「口頭托拉」是對拉比傳統的解釋。

3.　奧雷根認為基督是人類的中心人物，基督代替亞伯拉罕為人的原罪而受難，以求得人類的救贖。優哈拿承認亞伯拉罕原來的地位，並認為托拉是對原罪的「解毒藥」。

4.　對奧雷根來說，耶路撒冷是一個象徵，是「天堂之都」。對優哈拿來說，耶路撒冷的土地是上帝同以色列人對話的地方，在那兒，上帝將會再次顯現。

5.　奧雷根認為猶太人所受的苦難是上帝放棄猶太人的證據；優哈拿則認為猶太人所受的苦難是上帝出於愛而對猶太人的懲罰，是寬容之父給予其子民的懲誡。

基督教彼此之間富有意義的交流是什麼，或者，什麼是雙方掌握的彼此的第一手材料。基督徒加斯汀·馬特(Justin Martyr)曾於140–170年在羅馬遊歷，後寫了題為《同提夫的對話》(*A Dialogu with Trypho*)一書，書中記載了加斯汀同一位猶太哲人(a Jewish Sage)的爭議。但是，儘管學者的努力，在那些已知的猶太史料中今天我們卻很難發現引用提夫的觀點。

他們之間肯定有交往，例如，公元3世紀羅馬帝國(Caesarea)統治下的巴勒斯坦地區，那兒不僅有猶太社團，也有基督教社團。大約在公元4世紀，或許因為擔心基督徒會被吸引進猶太會堂，聖·約翰(St. John Chrysostom)曾在敘利亞的安提阿布道並極力宣傳他的反猶思想。當然，作為教徒個人，彼此間相互皈依的情況也時有發生，而婦女在這方面起到中介作用，但歷史並沒有記載她們的貢獻。

通過彼此間的態度來評判早期基督教和猶太教的關係是不公正的，因為雙方都沒有把彼此間的關係列入他們的首要議事日程。然而，直到今天，歷史所遺留下來的不信任和相互仇視依然束縛着我們。僅僅是在最近的時間，基督徒才開始認識到他們信仰中陰暗的一面以及由此引起的悲傷和苦難。特別是自納粹屠猶以後，便開始了基督—猶太對話，儘管雙方早已打下了對話的基礎。由此雙方走向言和，也使基督教從傳統的態度和理論上重新修正對猶太人和猶太教的認識。

第三章
猶太教的發展

1985年6月24日，梵蒂岡同猶太人宗教關係委員會（the Vatican Commission for Religious Relations with the Jews）召開會議，會後的報告有一不太引人注目的標題，《有關羅馬教會在布道和教義問答中介紹猶太人和猶太教的正確方法的提示》。在這個報告中，有些話是令人難忘的，例如「天主教教會必須要明白一點：以色列的永久存在伴隨着猶太人持續的精神繁榮，從拉比時代、中世紀，直到當代。長期以來，天主教同猶太教共享猶太教的精神遺產。」報告還引用了教皇約翰·保羅二世（Pope John Paul II）的話：「猶太民眾直到今天仍在堅信和履行的信仰和宗教生活能有助於天主教教徒更好的理解自己宗教生活的許多方面。

直到19世紀以後，猶太歷史發展的真實面目才逐漸呈現在世人面前。人們發現猶太教「持續的精神繁榮」不僅長期受到基督教會的壓迫，同時也被猶太歷史長期忽略，而使之變得模糊。猶太歷史更關注猶太人所受的苦難和那些殉難者，允許猶太人對所受苦難的記錄卻使猶太歷史的其他方面失去色彩，特別是猶

太人在「拉比時代、在中世紀和現代」所表現出的在精神和智力方面的創造性。

　　歷史上猶太人曾長期遭受磨難和迫害，他們被迫流浪，被剝奪了正常的謀生方式，並被拒絕接受高等教育。然而就是這樣一個受盡磨難的民族，卻創造出引人注目的文化。本章將介紹猶太歷史上十位著名的人物，他們代表着猶太人的精神、智力和社會價值。其他一些著名的猶太學者或許也應該成為本章的首選，像聖餐儀式(liturgy)的創建人伽馬利二世(Gamaliel II)；偉大的哲學家、律法學家和物理學家邁蒙尼德(Moses Maimonides)；偉大的詩人亞胡德(Yehuda Halevi)；還有蓋留克(Glückel)，他用意第緒語(Yiddish)寫的日記表現了17世紀一位母親心靈深處的思慮。除此之外，我們還能舉出幾百個例子。本章的任何一個選擇也許都是武斷地。

猶大・哈－納西 —— 學者、聖徒、領袖

　　如果人們想了解拉比猶太教形成時代的概況和縮影，那麼首先想到的應該是公元兩百年左右的猶大(Judah)，他是猶太社區的「納西」(Nasi，也稱「親王」)和族長(Patriarch)，他為猶太人提供了一整套法律法規，他因此獲得了崇高的聲譽，他的信徒僅僅稱他為拉比(rabbi，教長)或「我們神聖的拉比」從不使用任何名字。人們總是把神聖、謙卑和對原罪的畏懼

表3.1　《密西拿》六卷簡介

1.播種	關於祈福和祈禱的時間和地點 農業法規，例，農作物如何上繳什一稅 (tithes)及如何規定安息年(安息年土地得以 閑置)。
2.節日	安息日和節日。
3.婦女	探討婦女問題，主要是結婚和離婚等問 題，另外，還有宗教宣誓法(vows)。
4.傷害	民法 猶太立法 法律程序 父輩語錄
5.聖事	獻祭儀式及其他聖殿事宜 許可的和禁止的食物
6.潔淨	潔淨的方式(洗、浴) 潔淨儀式的等級 對不潔之物的規定。

等誇讚同他相連。「在他身後，謙卑和對原罪的畏懼便消失了」，便是他的追隨者悲哀的挽歌。

　　猶大不是修院的聖徒，卻是一位傑出的宗教和政治領袖。他一生的大部分時間生活在伽利利(Galilee)，並在伽利利的比賽雷(Bet Shearim)和塞普瓦斯(Sepphoris)創建學院。今天，到以色列的游客仍能看到昔日伽利利城保留下來的那個時代的猶太會堂遺址及一部分保留下來的馬賽克和據說是猶大·哈—納西及其信徒的陵墓。

在猶大·哈-納西出生前的近半個世紀裏，猶地亞（Judea）一直處在社會的動蕩中。70年，羅馬人鎮壓了猶太人的第一次起義並破壞了猶太人在耶路撒冷的聖殿。135年，大約是猶大出生的時間，羅馬帝國皇帝哈德良（the Emperor Hadrian）又鎮壓了猶太人的第二次起義，猶太人被大批屠殺並遭到羅馬帝國的嚴懲。

當猶大成為猶地亞的族長時，猶地亞處在羅馬帝國安東尼王朝（Antonine emperor）馬可·奧利流（Marcus Aurelius）皇帝的統治下。當時猶地亞同羅馬帝國之間的關係相對緩和，作為一個愛好和平的人，猶大為了使巴勒斯坦猶太人的生活方式得到羅馬統治者的承認，他努力加強同羅馬帝國間的關係。《塔木德》裏記載了許多關於拉比同羅馬帝國安東尼王朝統治者之間關係的佚事，其中175年馬可·奧利流（Marcus Aurelius）皇帝和200年賽普提米（Septimius Severus）皇帝對巴勒斯坦的兩次訪問，具有重大的歷史意義。

事實上，關於拉比同安東尼王朝間「對話」的記載，所暗示我們的遠遠不止是一種表面上的關係。羅馬皇帝馬可·奧利流非常推崇斯多葛學派（Stoic Philosophy），並長期致力於在猶太教徒和基督教徒的倫理中推廣這一學說。確實不是巧合，當拉比從事的偉大事業——對猶太法典理解體系的創建完成之日，蓋尤（Gaius）和烏爾比安（Ulpian）也正在為羅馬法（Rome Law）體系的最後形成打基礎。

《密西拿》（「指導」或「反復」）法典是在拉比的指導下完成的，是拉比猶太教時期的經典律書。《密西拿》共分六卷，是對猶太教宗教體系的最早表述，因為《密西拿》涉及面非常廣，它不僅有律法，也有一般的社會準則；它不僅關注崇拜和潔淨等事宜，也關注民事和犯罪等司法問題及人的社會地位。作為一整套極具權威的法律法規，它很快被全體猶太人所接受並為後來《塔木德》的成書打下了基礎。（見表3.1）

史書中留下許多關於拉比個人生活的傳說，最有名的是他關心動物的傳說。一隻將被屠殺的小牛朝拉比跑去並把它的頭縮進他的長袍裏，他對小牛說：「去吧，你生來就注定要被人們屠殺的。」由於他對小牛沒有表現出絲毫的仁慈，天堂降災難於他。又一次，拉比的女僕正在掃地，突然撞上了幾隻小黃鼠狼，她立即把那個小家伙仍了出去，他對女僕說：「隨它們去吧，難道不知道《詩篇》中有這樣的話『上帝的仁慈遍及他的所有創造物』（《詩篇》148:9）？」於是，天堂又下令說：「由於他對動物表現出仁慈，讓我們降仁慈於他。」

被忘卻的人

（Stamaim一詞的發音應該是stammer+im，重音在im上，im是希伯來語中陽性集合名詞的詞根。）Stamaim

不是傳說中某個聖人的名字，它根本不是什麼人名。它的意思是「無名人士」，在本書中專指猶太歷史上的一個學者群體(儘管我們不知道他們曾經是什麼，但有一點是肯定的，他們是一群男性，而不包括任何一名女性)，他們生活在大約6世紀的巴比倫，並集體編纂《塔木德》。

但是我們現在需要跳到我們故事的前面。在這群學者之前還有三個著名的猶太學者群體，其名稱的後綴都是im(重音均在最後一個音節上)，從猶太經卷中我們可以知道他們的名字。第一個群體叫「坦拿」(Tannaim)，在《密西拿》裏提到過這群人，他們同猶大族長是同時代的人。繼「坦拿」之後的第二個猶太學者群體叫「阿摩拉」(Amoraim)，「阿摩拉」對前輩的觀點展開討論，使明顯地矛盾得以協調，使爭端得以解決，以擴大律法的使用範圍並使律法適用於新的環境。第三個猶太學者群體是「賽保倫」(Seboraim)，該群體對猶太先輩的一些觀點提出置疑，並針對其中的一些基本概念問了許多「為什麼」和「什麼」的問題，不是為了向先輩提出挑戰而是為了更好的理解問題，他們對早期的猶太拉比懷有崇高的敬意，不想動搖他們的地位。阿摩拉和賽保倫的一些討論都記載、節選和匯編在《塔木德》的《革馬拉》(Gemara，是「學習」和「完善」)裏，《革馬拉》是一部宏大的阿拉米語(Aramaic)經文，採取對《密西拿》評注的形式。

> **塔木德＝密西拿＋革馬拉(Talmud＝Mishna＋Gemara)**
>
> 塔木德有兩種版本：
>
> - 巴勒斯坦(耶路撒冷)塔木德，成書於450年
> - 巴比倫塔木德，成書於550年。巴比倫塔木德比巴勒斯坦(耶路撒冷)塔木德規模更宏大，也更具權威性。

　　《塔木德》是《密西拿》和《革馬拉》的總稱。《塔木德》是猶太教的核心，是繼《聖經》以後猶太人最重要的著作，是理解《聖經》的導本。儘管事實上《塔木德》裏麵包含了幾百個人名(坦拿、阿摩拉、賽保倫)，但重要地是我們無法知道具體地是哪些人把《密西拿》和《革馬拉》放在一起並編纂了《塔木德》。這些編纂者講述一些佚文趣事，得出結論，他們懂得如何運用生動活潑的文學形式提出深奧的律法討論，來吸引學生的注意力。他們還收集許多能夠抓住人的想像力的傳說和習俗，通過這些傳說和習俗向世人說明道德的尺度和精神識別，儘管偶爾會背離他們那個時代的一些偏見；但這些編纂者沒有在任何史料上留下自己的名字。或許他們僅僅認為他們是在對前輩的偉大作品進行文字方面的再重建工作，因此他們真正地為這樣一種觀點吃驚：他們本身所作的一切工作都將是開創性的貢獻。

　　任何時代都有它自己的「被忘卻者」，這些無名的學者和謙恭的實踐者，他們的工作實際上是在使那

些著名先輩的一些零亂的智慧和靈感形成系統的學說，同時他們也是在真正履行這些學說。

鬥士 ── 卡西娜公主

七世紀末，在伊斯蘭教(Islam)從阿拉伯半島向外擴展之前，北非的許多部落已皈依猶太教或基督教。伊斯蘭教向北非擴展以後，北非許多部落自願皈依伊斯蘭教，也有一些部落堅決反對阿拉伯軍隊的統治並拒絕他們的宗教。

在今天的阿爾及利亞東南部曾有一個強大的柏柏爾人部落(Berber tribel)，叫耶羅瓦(Jerawa)，已皈依猶太教。該部落的首領卡西娜(Kahina)公主曾率眾抵抗哈桑‧本‧哈‧努曼(Hasan ibn al Nu'man)的阿拉伯軍隊，阻止他們入侵北非並進一步入侵西班牙。然而，卡西娜最後還是背叛了猶太教，並於700年在戰爭中被殺。

這位令人生畏的公主信仰的是哪一派的猶太教，其實，她是否是一位真正的猶太教徒，我們不能作出肯定的回答，但關於她的故事在幾種阿拉伯編年史中多次提到。人們提出了一個大膽的歷史假設：如果她戰勝哈桑，通過北非向阿拉伯進軍，或者北上進軍西班牙，會是什麼樣子？那麼歐洲和近東可能永遠不會分成兩個敵對的陣營 ── 基督徒帝國和穆斯林帝國，或許將會大大改變我們的歷史。

無論怎樣來假設歷史，今天的現實總是與卡西娜

公主的戰敗有部分關係，在戰火不斷的兩「大力量」存在的現實條件下，猶太人在這兩大敵對陣營的疆域內減少了從屬性。

薩阿迪·加昂[*] —— 哲學家

635年，阿拉伯軍隊推翻了薩珊王朝(the Sassanid Empire，薩珊王朝在今天的伊拉克境內)並帶去了伊斯蘭教。這一時期，巴比倫塔木德(the Babylonian Talmud)已經完成，沿幼發拉底河(the Euphrates)兩岸有兩所著名的猶太學院，它們是蘇拉學院(Sura)和蓬貝加學院(Pumbedita)，這兩所相互競爭學院是當時猶太人在巴比倫的牛津(Oxford)和劍橋(Cambridge)。學院院長由著名的拉比擔任，被尊稱為「加昂」(Gaon，傑出的)。加昂被賦予重大的職責，他是律法的管理者和精神的指導者[**]。猶太人自治社區設置首領，稱為「流放領袖」(Resh Galuta, the Head of the Exile.)，流放領袖聲稱是大衛王(King David)的後代。流放領袖負責協調猶太人和哈里發王朝(the Cliphte)之間的關係。

在巴格達阿拔斯(Abbasid)哈里法[***]時代(750–1258)，猶太人的生活是相對繁榮的，加昂們(the

---

[*]　Saadia Gaon, 882–942

[**]　加昂的具體職責包括，解釋和補充《塔木德》有關內容的含義，解答世界各地猶太人提出的有關涉及猶太教的問題，裁定有關律法問題的爭議，確保拉比猶太教的律法傳統不受歪曲。

[***]　caliph　有人認為是指伊斯蘭教國家政教合一的領袖的稱號。

Gaonim，注意在這裏再次使用希伯來語男性複數形式im）負責解答從法國的普洛旺斯（Provence）到也門的全世界各地猶太人提出的問題。通常情況下，加昂們的《答問》都有抄本並加以保存。按照猶太風俗，加昂們的「答問」都保存在秘庫（geniza，發音是g'neezah）裏或宗教經典的保存處。開羅秘庫[*]的大部分文稿在19世紀已被英國劍橋大學文學院收購，這使我們能有機會來劍橋大學參觀和研究這些珍貴的史料或傾聽人們對這種不尋常收集品的議論。

萨阿迪·本·約瑟夫（Saadia ben Joseph）出生在上埃及的弗尤姆（Fayyum，史書上稱他為al Fayyum）一個名叫迪拉茲（Dilaz）的村莊。約905年，他離開埃及到巴勒斯坦、敘利亞城市阿勒頗（Aleppo）、巴格達等地遊歷了幾年。928年，儘管是外國僑民，萨阿迪仍被任命為蘇拉學院的加昂。萨阿迪作為一個哲學家、科學家、塔木德學家、作家、評注家、語法學家、翻譯家、教育家和宗教領袖著稱於世，但無論在那個領域，他所取得的成就都是無可爭議的。

流放領袖大衛·本·祖卡（David ben Zaccai）曾讓萨阿迪在一份文件上簽字，萨阿迪認為文件的內容不公正而拒絕在上面簽字，萨阿迪為此被官方革職並被大衛·本·祖卡拘捕。萨阿迪利用在獄中的幾年

---

[*] 隸屬開羅近郊的古以斯拉猶太會堂。另一較為著名的類似的地方是巴勒斯坦地區存放《死海古卷》的山洞。

時間撰寫了偉大的哲學經典《教條和信仰手冊》（*The Book of Doctrines and Beliefs*）。薩阿迪精通伊斯蘭教的凱拉姆原理（*Kalam*）和亞里士多德的哲學（*falasifa, Aristotelian Philosophy*）。薩阿迪相信無上的理性，包括道德意識。他認為上帝的方法和啟示與理性是相一致的，這不是因為上帝定義了理性（reason）和公正（justice）；相反，上帝，按照完全的自由，其自身的行為和啟示是依據絕對標準的理性和公正。換句話說，上帝所做的是合乎理性（rational）和公正（just）的，因為上帝所做的是在先的理性和公正；因為那是上帝所做，所以上帝所做的不是理性本身。

薩阿迪強調無上的理性，導致他的認識論。對我們來說所有知識的取得都是通過意識的體驗，通過來自意識體驗的邏輯推理，或通過某種與生俱來的道德意識，這種道德意識本身是「具有理性」的一種形式。例如，當某個人聲稱上帝派他來告訴眾人去偷去私通，或聲稱托拉已不再適用，並且支撐他所聲稱的預言的是一些正在發生的顯然的奇跡，我們是怎樣知道他所聲稱的一切都是不可信的？那是因為理性在告誡我們，行為要合乎道德，並告誡我們真理比謬誤更可取。

《托拉》本身完全同理性相符合。薩阿迪把「十誡」分為「理智的」和「可聽的」兩部分，這是因為十誡中部分是可以通過理性被認識的，部分則只能通

過感悟的啟示才能得以認識。儘管不是所有的啟示都來自絕對的理性，但對於那些較為模糊的啟示，我們完全可以以理性的態度運用「演繹的猜測」（educated guess）。即使《托拉》完全依據理性，那麼上帝為什麼還派他的信使（先知）向我們傳達他的啟示呢？啟示是上帝憐憫他的子民的特殊行為，因此《托拉》的知識對全體子民都應該是清晰地和易懂地，即使對那些缺少哲學思辨能力或缺少時間來進一步探討《托拉》的人來說也應該是這樣。

名字的含義

許多著名的猶太人士，我們僅知道他們的姓氏、名稱的希伯來語詞首
輔音字母的縮寫形式而不知道他們的實際名字。因此，Rabbi Shlomo Itzchaki（伊撒克之子所羅門）其縮寫形式是 Rashi；Rabbi Moses ben Maimon（邁蒙尼德）其縮寫形式是 Rambam。

　　薩阿迪相當熟悉猶太教其他派別和其他宗教的著作，他堅決反對卡拉派（Karaism，猶太教的一個教派，該教派拒絕接受猶太教的傳統）和伊斯蘭教、基督教及拜火教（Dualist）的觀點，其反駁是建立在理智和邏輯推理的基礎之上的。

　　薩阿迪編纂了希伯來祈禱手冊並創作了一些希伯

來文學詩詞。這些絕大多數是阿拉伯語的作品。作為一個傑出的聖經學者，他寫了大量注釋著作，並開創了阿拉伯語譯著工作，把希伯來聖經翻譯成阿拉伯語，而這些阿拉伯語經卷直到今天仍被廣泛應用。

拉希[*]——聖經及塔木德評注家

今天，在德國西南部的萊茵(Rhine)河畔有一座小城叫沃爾姆斯(Worms)，在那兒可以看到拉希(Rashi)猶太會堂(被納粹拆毀後重建)。會堂裏面有拉希生前坐過的椅子，整座會堂是為紀念拉希而創建的。置身於會堂，你會感到他的慈愛，他像慈父那樣出現在你的面前，引導你。我們這個時代的猶太人對拉希是熟悉的，他們是通過拉希的評注來了解《聖經》和《塔木德》的。拉希是一位傑出的塔木德評注家，他所給予人們的禮物是提出問題的讀者所期望從他那裏得到的，是那些簡練、明晰的解釋，他的禮物使人們感到拉希正在你的一個房間中，向你解釋經文，嚴格地引導你，慈愛地使你避免錯誤。

大多數孩子對拉希非常熟悉，孩子們通過他的永遠受人喜歡的用希伯來語評注的《摩西五經》(*the Five Books of Moses, Pentatench*)來學習《聖經》和希伯來語。拉希給後人留下了巨大的精神財富，他的說教、傳記以及對《塔木德》和《米德拉什》(*Midrash*)中戒律的

---

[*]　Rashi 1040–1105

評注有着無與倫比的風格，而這種風格使得拉希在猶太人心目中具有持久的魅力。從學者的眼光來看，拉希是一個精通聖經語言的大師，他吸收了幾代語法學家和詞匯編纂學家的著作精華，並在此基礎上區分出《聖經》的直意（plain）和寓意（homiletics）。拉希用樸實無華的語言把晦澀難懂的語言翻譯成古法語。他就像現實中的一位老師，只要人們讀他的著作，就似乎聽到他諄諄善誘的教導。

在希伯來文獻中，對《摩西五經》的評注成書時間出現最早（Reggio 1475）。從此以後，對希伯來文獻的評注大量出現，其中高水平的評論著作大約有兩百多種，這些著作被陸續翻譯成拉丁文。拉希的聖經評注對學者尼古拉（Nicholos de Lyra）[*]影響深遠，通過尼古拉，拉希的學術思想又影響了基督教的路德教派（Luther）、基督教希伯來學派（Christian Hebraists）和基督教改革派（the Reformation）。

拉希出生於今天法國東北部的「香檳之都」特魯瓦（Troyes），早年在沃爾姆斯（Worms）學習。他學成後沒有成為猶太拉比，而是返回故鄉耕耘葡萄園，假如當初他想到往他的葡萄酒裏添些泡沫，他或許成為第一個生產真正香檳酒的人。

關於拉希生活的細節，我們了解不多。拉希有三個女兒，大女兒米莉安（Miriam）和二女兒虞策福德

---

[*] 方濟各學會（Francrscan Order）的學者。

（Yocheved）分別嫁給了他自己的學生，三女兒的名字不詳。大約在1070年，拉希在家鄉創辦猶太學院，招收學生研究猶太經典。拉希去世後，他的女婿和外孫通過不懈努力使學院繼續得到發展，並成為在歐洲具領導地位的阿什肯納茲托拉學院（Ashkenazi Academy of Torah）。

拉希的晚年遇到第一次十字軍東征（1095至1096）。在這次戰爭中，他失去了許多親人和朋友，這使他的身心受到極大的摧殘。在他創作的懺悔詩（The Selihot）裏，表達了他的哀傷和對上帝的愛。現在他的一些懺悔詩仍保留在聖餐儀式（the liturgy）中。

關於拉希的傳說很多，但有些是缺乏確鑿的事實，例如，傳說他是大衛王的後代；他曾廣泛的遊歷，曾同邁蒙尼德相遇（而後者直到1138年才出生！）等。還傳說拉希的父親曾向大海拋擲了一塊基督徒渴望裝飾宗教雕像的美玉，這時在投擲的地方一個神秘的聲音宣佈，他將獲得一個博學的兒子。還傳說拉希的母親懷他時，曾在沃爾姆斯城的狹窄街道遇到危難，這時牆上不可思議地裂開一道縫把她藏匿其中（至今此地仍可供游客參觀）。還有一個傳說認為，拉希曾向高德弗銳（Godfrey de Bouillon）預言十字軍將佔領耶路撒冷三天，被擊敗後三騎而歸。

亞伯拉罕·伊本·埃茲拉[*] —— 詩人

伊本·埃茲拉出生於西班牙的圖蘭多（Toledo），是一位傑出的詩人、語法學家、物理學家、哲學家、占星術家和聖經評注家。長期以來，人們都理所當然地認為《摩西五經》的作者是摩西。出於批判的天性，埃茲拉暗示說摩西作為《摩西五經》的作者身份還有待確定。這種說法在六個世紀後由斯賓諾沙（Spinoza）重新拾起，並開創了近代聖經考訂學派。儘管埃茲拉是一個堅定的占星術家，但他卻是那個時代少數幾個摒棄靈怪信仰的人之一。

伊本·埃茲拉於140年離開西班牙，經意大利、北非、近東，遊歷到西歐，其中包括法國和英格蘭。在倫敦，他創作了他的主要哲學著作《敬畏上帝的基礎》（*Foundation of the Fear of God*），他在這部書中闡述了新柏拉圖主義哲學，新柏拉圖主義哲學成為他聖經評注的主要特徵。簡明和富有戰鬥性的風格使他的評注贏得了持久的魅力；伊本·埃茲拉對文藝復興時期（Renaissance）基督教希伯來學派的影響僅次於拉希。

伊本·埃茲拉贏得了學者們的友誼和尊敬，但他的個人生活卻很不幸。他離開西班牙，不僅背井離鄉還失去了四個孩子，唯一幸存的兒子也暫時皈依了伊斯蘭教。他富有灰色的幽默感，在一首諷刺短詩裏，他悲嘆：

---

[*]   Abraham Ibn Ezra 1089–1164

在我出生時，天空和恆星就偏離了他們的軌道；如果我來賣那蠟燭，太陽會一直亮到我自己終了……如果我來賣那壽衣，所有人都會活得比我還要老！

摩西·邁蒙尼德*—哲學家，編纂者和醫師

正如他在後來幾百年廣受讚譽的那樣，「大鷹」出生於穆斯林安達盧西亞(西班牙)的科爾多瓦，現在紀念他已成為當地的自豪感和遊客收入的來源。在猶太人圈子中，他的名字通常被稱為Rambam。

1148年，科爾多瓦被Almohades佔領，他們不僅鎮壓了其他沒有清教徒態度的伊斯蘭團體，而且摧毀了猶太教堂，迫猶太人選擇叛教或死亡。邁蒙一家逃到了摩洛哥的菲斯(Fez)，在那裏住了幾年。蘭巴姆(Rambam)於1160年左右撰寫感性的《使徒信》(*Epistle on Apostasy*)，對那些受到迫害的表面信奉伊斯蘭教者表示極大的同情和寬容。1165年，他們的家人未能在十字軍國巴勒斯坦定居，但他們在埃及找到了安居之地，首先是在亞歷山大，最後是在新的薩拉丁王朝下的薩丁王朝在開羅的福斯塔克。

蘭巴姆致力於研究和寫作。到1170年代，他已被猶太人公認為是開羅猶太人的納吉德(領袖)，但不清楚他是否擔任正式職務。當他的兄弟戴維(David)因從事商業活動而養家餬口時，在海上喪命，摩西轉而行

*　Moses Maimonides (Rambam) 1138–1204

醫來養活全家，並成為薩拉丁(Salatin)維齊爾‧阿爾法德赫(Alfadhel)的私人醫生。從普羅旺斯到也門再到巴格達，猶太世界各地都聽取了他的建議和見解，他的許多信件被保留下來，其中一些藏在開羅的秘庫。他於1204年12月13日在福斯塔(Fostat)逝世，受到穆斯林和猶太人的哀悼，被埋葬在提比里亞(巴勒斯坦)。

他的《密西拿—托拉》(*Mishneh Torah*)，在希伯來語中是對整個猶太法律體系的系統摘要，不僅包括儀式和禮儀事務以及民法和刑法，而且還包括以色列土地上的農業法規、聖殿建築和程序，以及儀式純潔。它最顯著的特徵是他從道德和哲學信念方面闡述律法(*halakha*)的方式，例如，將愛上帝的誡命解釋為包括呼籲從事自然科學和理解創造奇蹟的呼籲；關於宇宙學和醫學的簡短文章是當今人們認為是通俗科學著作的傑作。他拒絕阿拉伯法律，他認為那是基於迷信或對惡魔和魔法的信仰，尤其是他反對占星術。

他的哲學傑作是《迷途指津》(Judaeo-Arabic *Guide for the Perplex*)，其中像他之前的薩阿迪(Saadia)或他所深信的穆斯林哲學家阿爾法拉比(Alfarabi)和阿維森納(Avicenna)一樣，他使宗教傳統與哲學相統一，在他的案例中主要是亞里士多德的哲學。《迷途指津》不僅影響了猶太人的思想，而且影響了拉丁文翻譯的基督教神學家，例如托馬斯‧阿奎那。即使在他自己的時代，這也引起了傳統界的爭議。直到今天，東正教徒

仍將《密西拿─托拉》奉為猶太教的巔峰之作，但仍對《迷途指津》中的許多教義感到困惑；他們要麼忽略它，要麼作神秘解釋，這將使它的作者震驚。

邁蒙尼德是最早嘗試制定猶太教義的人之一，也許是因為面對穆斯林和基督教徒試圖改變猶太人的意圖時，他們必須劃清界限。在早期關於《密西拿》的評論中詳細闡述了「信仰的十三項原則」，參見附錄Λ。

亞伯拉罕‧阿布拉費爾[*]── 入迷的神秘主義者

在1280年猶太新年的前夕，亞伯拉罕‧阿布拉費爾在一種「聲音」的激勵下前往羅馬，勸教皇尼古拉三世皈依猶太教。中世紀的教皇是不容異端的，尼古拉三世命令把阿布拉費爾燒死在火刑柱上。顯得非常泰然自若的阿布拉費爾後來沒有被燒死而是被送到蘇里亞（Suriano）監獄。8月22日，他在監獄得到消息，教皇已在前天晚上死於中風。他被關一個月後，重新返回羅馬，隨後就獲得了自由。

在13世紀，有哪一個猶太人會考慮和教皇玩一次皈依的公平遊戲？或許只有認為自己是一個先知的人。阿布拉費爾生於西班牙的薩拉戈薩（Saragossa），過着一種有人稱之為「野人」的不安定生活。在十八歲的時候，他遊歷到巴勒斯坦的阿卡（Acre），希望在那裏找到傳說中的河流 ── 薩伯特河（Sambatyon），傳

[*] Abraham Abulafia 1240–1300？

說這條河在整個星期都咆哮不止，只有安息日才平靜下來，阿布拉費爾沒有找到這條河，在他以後的任何人也從沒有發現這條河。這樣，阿布拉費爾開始專心致力於宗教研究，他首先研究邁蒙尼德的哲學，由於邁蒙尼德的哲學太理性化，他轉而研究遁世的卡巴拉派（the esoteric kabbala），卡巴拉哲學似乎更適合他的口味。大約在三十歲時，阿布拉費爾回到了西班牙，這時他得到一次「顯聖」（vision），這進一步加強了他對神秘主義的研究和沉思，並得出一個結論，他認為只有通過對聖名（Divine Names）的默念，再加上宗教儀式和苦行實踐才是通向先知之路的關鍵。後來，他又離開西班牙，1279年在希臘的帕特拉斯（Patras），完成了他的第一部先知書。在書中，他稱自己的修行方法為「先知卡巴拉」（Prophetic kabbala），並歧視「十種大能」的塞斐洛（the ten Sefirot，即神聖的發散）「普通」卡巴拉修行方法，認為這種方法是較基礎和初級的，它主要側重於知識和沉思，而不像「先知卡巴拉」側重於行為和影響。

　　一點也不會讓人感到吃驚，由於阿布拉費爾在修行中側重於行為和影響，因此，不管他走到那裏，都會給當地帶來一些麻煩。從巴塞羅那著名拉比所羅門‧本‧艾德瑞特（Solomon ben Adret）給巴勒莫城（Palermo）公民的一封措辭強烈的公開信中我們可以知道，阿布拉費爾在西西里（Sicily）曾自稱是先知和彌塞

亞。由於遭到艾德瑞特等人的反對，自1280年以後，阿布拉費爾為首的一派遁世卡巴拉逐漸從西班牙消失，他們來到伊斯蘭土地上安家，並同神祕主義蘇菲派(Sufi)和睦相處。自此以後，阿布拉費爾幾乎被歐洲人所遺忘。現在，只有一些學者偶爾會從歐洲的圖書館中翻到一些手抄本的阿布拉費爾著作。

現代人比阿布拉費爾同時代的人和他直接的後繼者更欣賞阿布拉費爾，或許是因為現代人不再被迫去容忍阿布拉費爾對時代的超越。「在他得到'顯聖'之前，他便提出信仰統一的理想，這是他努力追求實現的理想」。阿布拉費爾致力於啟迪人們的心智，雖然不是在沒有信仰的普通民眾之間，而是在基督徒和猶太教徒之間。他認為各種神祕主義的修行方法在本質上都是統一的，這一觀點超越了信仰和信條的不同，他的這一思想在前現代猶太教思想史上是相當超前的，儘管今天人們已經在呼籲這一點，當代卡巴拉學者已接受了阿布拉費爾這一思想。神祕主義關於「上帝通靈說」(theosophical-theurgic)，例如「十種大能」的賽菲洛學說，把上帝作為中心，認為上帝具有兩方面的屬性；運用這種學說來理解神聖上帝，只能在神聖領域自身達到某種協調。遁世派的卡巴拉原則，正像阿布拉費爾所提倡的，是以人為中心，個人的神祕體驗使他們發現了人的崇高價值，而這決不會影響人與神的內在和諧。

格拉西阿·納西[*]——女捐助人

1391年（基督教）聖灰星期三（Ash Wednesday），在西班牙的塞維利亞（Seville）發生反猶騷亂，猶太社區被搗毀，許多猶太人被打死，其餘的猶太人被強迫接受洗禮。西班牙猶太人的黃金時代已經過去，取而代之的是西班牙當局對猶太人的壓迫、懲罰和排擠。

自1391年以來，許多猶太人被迫皈依基督教，其他猶太人則只能秘密信奉猶太教。許多皈依基督教的猶太人在教會曾佔據了像主教、紅衣主教這樣的高位。宗教異端裁判所（The Inquisition），其建立是為了在基督徒中間搜索異端（heresy）。宗教異端裁判所被邀請秘密接近「新基督教徒」（New Chrisitian），新基督徒是對那些被迫皈依基督教的猶太人的稱呼〔許多人今天仍使用「馬蘭內」（Marranos）來稱新基督教徒。Marranos是西班牙文，其書面意思是「豬」，這種稱呼今天應該避免〕誣告是容易地，而且經常被認為是充分真實的；通過嚴刑拷打逼供導致最後的判決，判決一般是把犯人燒死在火刑柱上。（教會今天仍然聲稱它從沒有在火刑柱上燒過任何人。而那是真的。教會經常在公共場合嚴刑拷打那些受害者，然後再把這些受害者交給世俗的權力機構，由這些世俗的權力機構對受害者實施絞刑和火刑。）

在哥倫布（Columbus）開始他的劃時代的「印度」

---

* Gracia Nasi 1510–1569

之行前夕(哥倫布本人可能是秘密的猶太人,他的劃時代的遠航肯定得到猶太技術和資金的援助*),西班牙猶太人已經開始了航程較短但卻更早的海上遠航,他們紛紛逃離西班牙,遷往他鄉。15世紀,費迪南多(Ferdinand)國王和伊莎貝拉(Isabella)國王在位時,曾先後頒佈法令,決定把所有的猶太人驅逐出西班牙境內。儘管以偉大的唐‧伊薩克‧Λ.(Don Isaac Abravanel)為首的西班牙猶太領袖曾努力勸説國王,但沒有成功(在唐‧伊薩克‧A.的聖經評注中曾描述過這件事)。大部分西班牙猶太人來到了葡萄牙,但幾年後,他們在葡萄牙又遭到了同樣可怕的命運,他們的孩子由於父母的原因而遭受痛苦,來到了葡萄牙的猶太人也被迫接受洗禮。

1536年,羅馬教皇下令宗教異端裁判所進駐葡萄牙。逃往壓迫相對較小的葡萄牙安特衛浦(Antwep)的眾多猶太人中,有一位富有的寡婦叫貝雷茲(Beatriz de Luna),她的丈夫叫迪戈‧溫蒂茲(Diog Mendez),她在香料貿易中積累了大量財富。像其他新基督教徒一樣,她的目的地也是離開安特衛浦前往土耳其,但前往一個非基督教國家當時是被禁止的。如果她公開她的想法,她等於又皈依了猶太教,其結果是:她將被判刑並被送上火刑柱,家產也將被全部沒收。她沒有這樣做,而是擴大其商務並建立起廣泛的國際聯繫。憑着良好的信

---

* 這種提法代表了很多歷史學家的意見。

用，她把生意擴大到整個歐洲甚至遠到土耳其。她還幫助猶太人逃離葡萄牙和宗教異端裁判所的迫害，並設法讓他們前往英國和尼德蘭並最終到達一個安全的人間天堂，在那兒，他們可以重新皈依猶太教。

1544年年底，她移居到威尼斯，仍然是以基督徒身份。來自家庭的爭吵使她的生活發生了戲劇化的變化。她的姐姐(後成為一名忠誠的女猶太教徒)告發她是猶太教信仰者(Judaizer)，她因此被關進了監獄。當(帝國時代)的土耳其政府(the Sublime Porte)對她的利益進行直接干預時、當這件事使國際關係的穩定受到威脅和動搖時，她才最後被釋放。後來，在1550年她來到費拉拉(Ferrara)。在埃斯塔家族的厄科拉公爵二世(the Duke Ercole II of the House of Este)的庇護下，她能夠擺脫偽裝並放棄了她的馬蘭內名字「Beatriz de Luna」，重新恢復她的猶太教名字納西家族的格拉西阿(Gracia=哈拿Hannah)，即格拉西阿・納西(Gracia Nasi)。1553年，在她生命的最後幾年，她移居到土耳其的君士坦丁堡(Constantinople)，她生活在加拉塔(Galate)一個極好的居住地，在那兒她可以俯瞰博斯普魯斯海峽(the Bosporus)。她從沒有停止救助伊比利亞猶太民族(Iberian Jewry)的偉大工作，她經常去看望窮人和赤貧者；我們經常聽人說，「八十個乞丐每天坐在她的餐桌旁，祝福她的名字。」她也從沒有忘記繼續資助猶太學者，猶太出版事業、猶太教育事業和祈禱者；甚

4　格拉西阿‧納西的肖像，是1553年從一枚紀念章上拓印下來的。

至在費拉拉時，她還冒着巨大風險支持希伯來語和西班牙語雙語的「費拉拉聖經」出版工作。

與她同時代的猶太人薩米歐・尤斯克(Samuel Usque)曾寫過《磨難中的安慰》(*Consolation for the Tribulations*)一書。在書中，作者詳細記述了格拉西阿・納西組織猶太難民逃離葡萄牙的過程。他的頌揚看來絲毫沒有誇張：

> 誰看到了，就像你(以色列人)已經看到的，當神已經提供並繼續提供援助的時候，他的仁慈籠罩了人類？誰看到了米利安(Miriam)發自內心的虔誠重又復蘇，用她的生命拯救她的弟兄？誰看到了狄波拉(Deborah)的深謀遠慮重新出現，又來領導她的人民？誰看到了以斯帖(Esther)無上的美德和尊嚴再臨人間，重又援助了那些深受迫害的人們？誰看到了最純潔高尚的寡婦猶迪值得稱道的力量，解救了那些深陷痛苦中的人們？……正是她(格拉西阿・納西)以慈母般的愛和無限慷慨幫助了你，使你擺脫危險和窘迫的境地……援助貧困和悲慘的大眾，那怕曾是她的敵人……以這種智慧，加上尊貴的手臂和無比的力量，她把那些在歐洲飽受貧窮和罪孽奴役的人們救助上來；她把他們帶到安全之地，並未停止對他們的引導，把他們又集中到他們以前信奉和尊崇的上帝面前……

巴爾·舍姆·托夫[*]──哈西德派(Hasidism)

僅憑外表進行判斷往往會使人受騙。當你在電視上或在布魯克林、倫敦、耶路撒冷的街道上看到那些蓄著絡腮鬍鬚、耳朵緊鎖、不繫領帶的猶太人，頭帶黑帽、身穿長袍，你可能認為他們代表著那些最保守、最傳統的猶太教派。但衣著所提供的線索往往會導致人們的錯誤判斷。不僅摩西不穿那樣的衣服，就連猶大族長、薩阿迪和拉希也不穿那樣的衣服。這種衣服就像哈西德的凱萊茲姆樂隊(the Klezmer bands)的流行音樂一樣，在18世紀並沒有超越烏克蘭和波蘭地區，烏克蘭和波蘭被認為是現代哈西德派的故鄉。哈西德派在其創建之初被認為是對猶太教傳統的革命，哈西德運動對現存的猶太教秩序和傳統基礎產生威脅。

哈西德運動的創始人是以色列·本·以利撒(Isreal ben Eleazer)，他作為一個巡游醫治者所取得的聲譽，使他以巴爾·舍姆·托夫著稱。他出生在烏克蘭的波多利亞(Podolia)，父母早逝，作為一個孤兒，從小過著貧困的生活。他在兒時，並沒有表現出特別的天賦，但他喜歡同小朋友一起去宗教學校。成年後他住進喀爾巴阡山的森林，在大自然中沉思苦修。後來，他結婚，為了維持生計，他成為一家酒巴的招待。

根據標準的聖徒傳記「頌讚貝施特」(In Praise of the Besht)的傳說，在他三十歲時，他已經建立了自己

---

[*]　Baal Shem Tov 1700–1760

的傳教中心並以一位知識淵博的學者和神秘主義者而著稱當世。他作為一位醫治人們心理和生理疾病的醫生,吸引了眾多的追隨者。他鼓勵人們用簡單的儀式和愉悅的心情來信仰上帝,遵從上帝的誡律,像耶穌那樣,他通過與婦女和普通人交流,通過對律法細微之處的漠不關心來譴責猶太教正統派。

貝施特逝世後,緬濟熱奇(Miedyrzecz)哈西德拉比麥吉德(Maggid)通過巡回布道使哈西德運動遍布整個烏克蘭和波蘭地區。為了表示對正統派權威的蔑視,哈西德派在祈禱儀式中縱情歌舞,以求進入狂喜痴迷狀態,甚至在猶太會堂縱情飲酒;他們還取代傳統拉比(rabbis),代之以自己的拉比(Rebbes或rabbi或Tzaddik,正直的人)。哈西德運動所具有的激情、平等和對傳統的反動吸引了眾多的追隨者,不久,哈西德派已建立了眾多的哈西德社區,每個社區都有世襲的拉比作為首領,來指導信仰和實踐的奇跡。許多早期的哈西德教派至今依然存在,一些城市今天仍用早期

哈西德教派的名字命名，像貝烏熱茨·哈西德(Belzer Hasidim)、蓋雷·哈西德(Gerer Hasidim)、布拉茨拉夫·哈西德(Bratslaver Hasidim)等。一些哈西德教派至今仍由哈西德拉比領導，謝爾松·M.M.(Schneersohn M.M.)即「路伯維茨拉比」(theLubavitcher Rebbe)，應是近代享有最高聲譽的哈西德拉比。

隨着哈西德運動的發展，哈西德派對哈西德運動的反對派針對哈西德運動所提出的一些批評意見也作出了反映，並據此對自身加以調整。哈西德派教徒開始嚴格履行猶太教法，並把更多的精力投入到對教義的研究上，許多哈西德拉比不僅是著名的學者，也是傑出的詩人。儘管與他們的反對派不同，他們把對卡巴拉和神秘主義的研究同對《塔木德》的研究放在同等重要的位置，哈西德派把卡巴拉的思想和觀念變成大眾易於接受的學說。他們強調上帝存在於信仰者的內心，上帝不是超越人的理解之上的。有關哈西德大師神奇業績的傳說在哈西德派教義中佔有重要成分。馬丁·布伯(Martin Buber)用德文整理匯編了許多這樣的故事(他的著作的英文譯本也很有效)，這些故事使哈西德派的一些有趣故事更接近廣大的民眾。

儘管哈西德派贊同傳統的彌塞亞信條(Messianic doctrine)，但它更強調個人而不是整個猶太民族的救贖。在大多數情況下，他們拒絕對彌塞亞的期待(儘管從沒有放棄過)；路伯維茨拉比去世後，他的信徒聲稱

路伯維茨拉比是彌賽亞。其實，在基督教福音派中，彌塞亞的觀念要比在猶太教哈西德派傳統中更強烈。

摩西・門德爾松* —— 猶太啟蒙運動的先驅

在猶太世界，我們很難發現兩個同時代的人之間的差別會比以色列・巴爾・舍姆・托夫和摩西・門德爾松之間的差別更大。他們按照相似的標準卻有對立的目標。他們每個人對不斷發展的猶太教都有同樣深遠的影響。

摩西・門德爾松出生於德國境內的德紹(Dessau)，後來到柏林。在柏林，他自學了數學、哲學和各種語言。由於猶太人被排斥在大學校門外，為了謀生他被迫到一家富有的猶太絲綢店當了一名裁縫。後來年輕的摩西・門德爾松同德國著名的年輕戲劇家、文藝批評家萊辛(Gotthold Ephraim Lessing)建立了親密的友誼；萊辛曾以摩西・門德爾松為原型寫過一部名劇《智者拿單》(*Nathan der Weise*)。1764年，摩西・門德爾松寫了一篇論文，專門探討形而上學和科學方法的關係，該論文榮獲柏林學院獎，這是他的學術生涯走向顛峰的開始。這時，在他所有競爭者中間，最具競爭力的人是康德(1724–1804)。1767年，他又寫了一篇題為《裴多》的對話靈，對人的不朽問題進行了探討，他因此贏得了一個綽號「德國的蘇格拉底」。

---

*　　Moses Mendelssohn 1729–1786

1769年，瑞士的基督教護教論者約拿·卡斯帕·雷維特(Johann Kaspar Lavater)公開向摩西·門德爾松提出挑戰，並要求他解釋：為什麼他從來不駁斥、攻擊基督教？是理智和正直驅使他這樣做呢？還是他已經皈依了基督教？在摩西·門德爾松充滿無畏和尊嚴地嚴正回答中，他堅決維護猶太信仰，甚至聲稱從根本上說猶太信仰更具優越性，因為它比基督教更加寬容。他寫道：

> 依據我的宗教基本原則，我不會尋求把任何不接受我們律法的人皈依進我們的宗教……我們的拉比們一致認為，構成我們啟示宗教的書面和口頭的律法只針對我們民族自己……我們相信地球上其他的民族由上帝指引來遵守(惟一的)自然的律法和各自創立的宗教(Religion of Patriarchs)。那些根據這種自然和理性的宗教來指導生活的人，被稱作「正直的異教徒」，並「同樣是上帝拯救的子民」。總的來說，是我們的拉比們，通過最誠摯的勸誡，來指導我們阻止那些自願站出來希望皈依的人……
> 在我們的時代裏，如果有孔子或梭倫(Solon)，我一樣會用我的宗教原則，熱愛並讚美這偉大的人物；使孔子或梭倫皈依的荒唐想法不會進入我的頭腦。難道真會使他皈依！為什麼？他不屬於雅各布教眾，所以不會遵守我的宗教律法；關於教義，我

們應當達到共同的理解。我會認為他將得到「拯救」？我想無論誰在生活中指引他的部眾追求美好的境界在今後都不會貶入地獄——同樣我也不怕任何傳統教派（august college）針對這個意見的詰問，如同索邦神學院（Sorbonne）對誠實的瑪蒙鐵爾（Marmontel）的責問一樣。

摩西·門德爾松是猶太民權運動的堅定倡導者，也是反對猶太分裂主義的先驅。他認為猶太人只有同德國的文化和社會相融合、同化，他們的猶太信仰才能得到政府和社會的認同。他還主張德國猶太人應該講標準德語（High German，高地德語），放棄意第緒語（Yiddish）。他把希伯來語聖經的前五本翻譯成德文，他的德文譯本在遠離故鄉的英國受到熱情歡迎，但在其他地方卻宣佈革除他的教籍。1781在摩西·門德爾松的親自倡導下，一所猶太自由學校（the Jewish Free School）在柏林創建，這所學校不僅教授世俗科目，包括法語、德語等，也教授《托拉》和《聖經》。

　　摩西·門德爾松最具代表性的哲學著作是《耶路撒冷》，在本書中他強調完全的政教分離；他反對教會擁有財產，反對教會或猶太會堂使用革除教籍（ban excommunication）的職能。他強烈反對泛神主義（pantheism），但他所擁有的「自然和理性的宗教」接近於自然神論（the deistic）。與同時代的一些基督徒所作

的那樣，摩西‧門德爾松也使自己同信條模式保持一定的距離；雖然他沒有對希伯來聖經作為神聖起源的地位表達出懷疑，但對他來説，甚至希伯來聖經也是「啟示的方法」（revealed legislation），人應該從教條的束縛解放出來。他強調「猶太教的精神在於信條和行為的自由是一致的」。

摩西‧門德爾松的上述觀點同當時佔主導地位的猶太傳統相去甚遠，但人們逐漸從他的哲學思想中認識到啟蒙運動的價值和意義並從中吸取了大量有益的東西。作為在傳統和現代之間尋求結合點的先驅者，摩西‧門德爾松的思想不但使猶太教改革派而且使猶太教現代正統派都從中吸取了大量的精神財富。

第四章
猶太曆和猶太節日

日、月和年

　　猶太曆法的關鍵是自然。

　　如果生活在遠離文明的時代，當你一覺醒來時，沒有日曆，也沒有鐘錶，你將如何表示流逝的時光？隨着時間的推移，你將如何來慶祝或紀念你生活中發生的重要的事件，像你的生日，劫後餘生日，收穫的日子等？

　　你可能注意到太陽的升起和下落，你可能會認為在一天的正午，太陽會到達天空的最高點。但是，你卻不能確定午夜。這樣確定一天的開始，只能從太陽的升起或下落算起。事實上，在猶太曆中，這兩種方法都得到應用。古代耶路撒冷的猶太聖殿儀式把黎明作為一天的開始，但所有其他用途則把夜幕降臨作為一天的開始。這就是為什麼人們把安息日到來的時間不定在星期五或星期六的午夜，而定在星期五晚上太陽即將下落之前的時間。其確切的時間隨季節和經度變化，並公佈在猶太出版物上。

　　簡單的事實往往產生重要的影響和後果。如果安

息日定在午夜,那麼只有少數人會去注意它。但是當它開始的再早一點,在人們吃晚飯之前,那麼星期五晚上的安息日就成為猶太社會重要的習俗之一。人們在猶太會堂進行祈禱,並唱着愉悅的讚美詩;然後,人們回到燈火通明的家中,坐在節日的餐桌帝,用一杯葡萄酒進行凱杜什(Kiddush,安息日晚餐祝禱或稱聖日前夕祝禱)祈禱,隨後一齊分割麵包進行祝福。人們唱着讚美詩,全家和造訪者一起享受精神的歡悅,甚至那些不去會堂參加祈禱或不信教的猶太人,星期五晚上也要同全家團聚在一起。如果說家庭的價值以及屬於家庭和猶太社區的那份溫馨在猶太教中得以堅持的話,這應歸功於在安息日開始後隨着蠟燭燈的點燃那麼多的家庭所感受到的安寧與和諧。

猶太曆的關鍵是依據自然法則。「月」一詞來源於「月亮」,一個月指月亮從新月到滿月再從滿月到新月這一段時期,大約295天。一年是指春、夏、秋、冬四季循環一周(今天我們知道取決於地球圍繞太陽的公轉),大約是36525天。如果按每個月295天來均分36525天是很不方便的,因為剩餘的天數將很難歸類。穆斯林放棄陽曆而使用一年十二個月的陰曆計年法,每年要餘十一天左右,這樣穆斯林的節日就不能根據自然日來定,因為每年的節日會隨着季節的變化而變化。西方的基督曆法是和季節相一致的,但月份不再根據月亮的盈虧來定。同穆斯林和基督徒的曆

法相比，拉比們採用的曆法是最好的，但它也要付出代價來完全依據自然日；一個月有二十九天和三十天之分，一年有十二個月和十三個月之別，每十九年會有七個閏年(即每年有十三個月)。儘管猶太曆比較複雜，但它很起作用。月朔(新月節New Moon)是值得慶賀的，季節的更替也是如此(參見表4.1)。

表4.1　猶太曆的月份*

猶太曆的月份	對應的公曆月
尼散(Nisan)	3–4
以珥(Iyar)	4–5
西旺(Sivan)	5–6
塔穆斯(Tammuz)	6–7
埃波(Ab)	7–8
以祿(Elul)	8–9
提歇利(Tishri)	9–10
海西旺(Heshvan)	10–11
基斯里夫(Kislev)	11–12
提別(Tebet)	12–1
西旺特(Shevat)	1–2
阿達(Adar)	2–3
第二個阿達月(2nd Adar)	只有閏年才有

* 猶太曆的月份此處提法，在下面的資料中表現不同。徐新等主編，《猶太百科全書》(上海人民出版社，1993年8月版)，第721頁，定提歇利月為正月(民曆)；朱維之主編，《希伯來文化》(浙江人民出版社，1988年12月版)，第130頁，楊慧林等主編的《基督教文化百科全書》(濟南出版社，1991年9月版)，第162頁提法相同，都定尼散月為正月。對應的公曆月(重迭月份)

在早期，新月節還是一個非常重要的節日 —— 據說一位名叫蘇內姆(Shunem)的婦女在她兒子身體不爽時曾匆忙給以利沙先知(Elisha)寫信，這種舉動引起過她丈夫的疑惑，因為那天「既不是新月節，也不是安息日」。(《列王記下》4:23) —— 但新月節的地位在以後的猶太教中下降了。儘管如此，在中世紀的某些社區裏，婦女們仍然在新月節不勞動。猶太教的女權主義者今天已注意到了這條中世紀的線索，並在此基礎上恢復了新月節(也稱Posh Hodesh)作為婦女的新生節，那時她們閱讀和婦女的精神修煉相關的祈禱文。現在世界上還有許多新月節協會或團體，主要是促進婦女祈禱和宗教教育。

朝覲的節日

在《聖經》規定的節日裏，有三個最流行的節日都以「朝覲」或「遠足」著稱。因為在古時候朝覲者通常跋涉到耶路撒冷的聖殿來舉行宗教儀式。在公元一世紀初去世的偉大的猶太哲學家、亞力山里亞的斐洛(Philo of Alexandria)，曾生動地描繪了當時的情景，「在每個節日，都有來自不同城市的數不清的人們，有的跨越大陸，有的橫渡海洋，從東西南北匯集在耶路撒冷聖殿。他們把這裏的聖殿看作躲避喧鬧生活的天堂和庇護所，在這兒他們尋求平靜的氣氛，從以前沉重的桎梏中解脫出來，短暫地享受宜人的快樂」。

這三個朝覲節日的共同之處就是感受上帝存在的喜悅:「你們將在你們的節日裏歡慶」;來到「神賜之地」(耶路撒冷)提供你的「禮物」給上帝(《申命記》16:14–16)。節日的歡樂傳統上表現為享受肉食和飲料,以及為婦女購置新的服飾。只有當歡樂同考慮他人的貧困結合起來時,這些才是圓滿的;按《聖經》所言,「關心⋯⋯你們中的異鄉人、孤兒和寡婦」;所以到了今天,這些節日仍是人們慷慨承擔慈善事業的時候。三大節日中的每個節日都有自己歷史的、精神的和農業上的含義;神秘主義者在此之外,又挖掘出隱含在內部的一些寓意(參見表4.2)。

猶太教的宗教儀式總的來講是比較溫和的,但也有例外,那就是結茅節,它成為猶太教的「狂歡節」。1663年10月14日,英國日記作家塞繆爾・佩皮斯(Samuel Pepys)第二次來到位於倫敦克瑞教堂路(Creechurch Lane)的猶太會堂,在那兒,他所看到的狂歡景象使他刻骨銘心。隨着手持托拉經卷的灰白鬍子老者,像羔羊一樣繞着會堂不停地跳躍,喧鬧的場面出現在眼前,佩皮斯情不自禁地要探究一下轉經節(又稱「歡慶聖法節」或「西姆哈斯托拉節」Simchat Torah)。轉經節是結茅節最後階段的盛大慶祝活動,此時也是每年誦讀《托拉》一周期的完成和重新開始的階段。歡慶的人群列隊圍成圈子繞着誦經壇(中央的平台,Bima),手持《托拉》不停地跳舞。

表4.2　朝覲節和它們的寓意

節日名稱	歷史	精神	農業
逾越節（Pesach, Passover）	春季紀念古以色列人逃出埃及擺脫作奴隸的命運。	上帝是救贖者；從埃及法老的奴隸，古以色列人變成上帝的僕人。	春季，萬物復蘇的季節，最早收穫的穀物大麥開始收割。
五旬節（Tabernacles，即Succot）（又稱「七七節」或「收割節」）	初夏紀念上帝在西奈山傳授《十誡》，並與以色列人立約。	只有精神境界達到在西奈山獲得的托拉（Torah）啟示後，才能實現徹底的拯救。	標誌着晚季的穀類作物（小麥）和頭季的水果成熟。
結茅節（Pentecost，即Shavuot）（也譯成「住棚節」）	秋季上帝在沙漠中保護古以色列人：「你們的子孫應知道當我帶古以色列人離開埃及後，給了他們住處。」（《利未記》23:43）	上帝是我們的保護者；當我們離開自己的住處而搬進簡陋的茅屋時，就是一種象徵。	最後的收穫節。

節日慶祝對於家庭和對於猶太會堂來說同等重要。毫無疑問這些節日中最流行、最迷人的慶祝活動當數逾越節家宴（Seder）。它的來源可以追溯到聖殿時期的宗教儀式，人們用宰殺羔羊來保證以色列人的平安。羔羊在逾越節的頭天下午宰殺，當晚正式在家享用，這是節日的第一夜。《頌讚詩篇》（Hallel, Pss. 113–18）除了在聖殿誦讀外，也被移到家宴上。儘管不再有犧牲的羔羊，但無酵餅（matza，即未發酵的麵包）和苦菜卻保留了下來。

逾越節家宴程序是圍繞「哈加達」（haggada）來規定的，哈加達也就是「講故事」。「哈加達」是一部介紹宗教儀式的書，很多猶太人以收集各種版本的「哈加達」（haggadot, ot是希伯來語的陰性複數）為榮。許多版本都有印刷精美插圖和說明，並含有解釋和最新的評注。《聖經》裏說，「你們應當在那天告訴你的子孫，說『當我們逃出埃及時，是上帝照應了我』。」（《出埃及記》13:8）逾越節家宴的儀式正是體現了這個戒律。

家宴是一個大家參與的事件。每個人都參與閱讀、討論和歌唱。根據節日的儀式程序，最引人注目的一點，是家宴開始時的「四個問題」。通常由家中最小的孩子用希伯來語唱出這四個問題，他可能要花幾個星期的時間練習，他也很興奮地期望着被允許和大人們一起待到很晚。很少有猶太人會忘記那些詞

ma mishtana ha-layla ha-ze...「為什麼今夜與其他夜晚不同？……」*他們會情不自禁地回憶起孩提時代那充滿家庭愛意的幸福夜晚。

從拉比時代起，在家宴上飲四杯葡萄酒就成了習慣。它們代表贖罪的四個階段，從出埃及（餐前）到彌塞亞降臨（Messiah，飯後）。有時會有第五杯，或簡單把一隻額外的杯子放在桌上獻給先知以利亞（Elijah）。

一個操辦得好的家宴，最大的樂趣就是所有出席家宴的人都參與討論，可以是已發表的評注，也可以自發地選題，或者是經的原文。有些最近的討論試圖把「哈加達」應用到當代的焦點問題，例如，在現代社會裏哪些是主體民族哪些是非主體群體？通過什麼是他們獲得「自由」的意義？

逾越節家宴的準備工作是相當緊張的，根據聖經的規定（《出埃及記》12:15–20, 13:7），在節日之前要從家中拿走所有的發酵食物（hametz）；所以這是一次徹底的大掃除。過節需要不粘任何發酵物的特殊器皿和食物。猶太食雜店和現今許多普通的超級市場，都提供各種逾越節使用的食物；猶太烹飪方面的書籍通常都有逾越節的食譜，裏面用不發酵的麵包或土豆粉代替了麵粉。

---

* 　其他三個問題是，為什麼只吃無酵餅？為什麼吃苦菜時要蘸鹽水？為什麼今晚倚着椅子背吃？

5　猶太家庭在安息日共進晚餐大多數日子始於日落而不是午夜，那麼猶太曆的月和年呢？© Werner Braun, Jerusalem

敬畏的節日

　　並非所有的猶太節日都是喜慶的。新年(Rosh Hashana)和贖罪日(Yom Kippur)就是嚴肅的日子——儘管不是悲傷日子，它們分別標誌着十天懺悔的開始和結束。「十天」本身標誌着敬畏日(yamim noraim)的完滿結束。敬畏日(yamim noraim)是為期四十天的懺悔，始於新年的前一個月(有點像四月齋*，不過是在秋天而不是春季)。

　　新年的除夕(記住，這一天的開始是在前一日的晚上)宴上，人們吃象徵甜蜜、祝福和充裕的食物。他們用麵包蘸蜂蜜而不是傳統的鹽，在撕開麵包之後，吃一片蘸着蜂蜜的蘋果，並祈禱「惟您的意願，給我們新的美好、甜蜜的一年」。

　　新年早上的儀式要長一些，從四個小時到六個小時不等，但最好參加，那怕許多人不知不覺弄到很晚。祈禱者集中精力想像上帝是創造者、國王和裁定者，他對那些皈依他、尋求他的寬恕的人仁慈而且憐憫。這天最與眾不同的是在儀式的間隙吹羊角號(shofar)。這可不是一件容易辦的事，這種樂器有不規則的洞孔和怪形狀的吹嘴，但吹好了可以激起人的懺悔和履行先知的話，「在城裏吹起號角，人們不會感到震顫！」(《阿摩司》3:6)。

　　一世紀初，斐洛已注意到，贖罪日「不僅僅為那

---

*　Lent，也稱大齋期

些虔誠的和獻身宗教的人所遵守，還包括那些平時從不參與宗教生活的人」。現在情況仍然如此，這一天會堂肯定人滿為患(祈禱會持續一天)；並非所有參加祈禱的人都渴望尋求上帝寬恕自己罪孽，也有莊重地進行良心反省和懺悔，熬煉「上帝對脆弱的人類是憐憫和寬容的」這一堅定信仰。這就是贖罪日的一天，這就是虔誠的人們。然而，對許多人來說，贖罪日在猶太會堂露一下面只是表明一下猶太身份，而並非是信奉宗教。

但這確實是顯示身份的一種有效方法，尤其是如果是──通常宗教信徒很少的情形下──它同齋戒聯繫起來時。在贖罪日，不僅像安息日那樣禁止工作，而且有五條自律形式(innuyim)：禁止吃喝(合併算一條)，禁止涂油，禁止房事，禁止洗涮(對娛樂而言)，以及禁止穿皮鞋。

懺悔(Teshuva)不僅是贖罪日的主題，而且是猶太教的主要思想。懺悔是對上帝的「回歸」(從字面上翻譯)，由以下幾部分組成：承認罪孽，悔恨，懺悔，恢復信仰回歸正途。整個過程不需要祭品，也不需要一種中介，完全依靠上帝的寬容和仁慈。

《密西拿》裏的正式詞句如下：

懺悔可以贖回(立刻)小的罪孽，無論過還是不及。但嚴重的罪孽只能等到贖罪日來臨才能贖回。如果

有人説，「我犯罪，贖罪，再犯罪，再贖罪」，他是不會再有贖罪機會的。如果有人説，「我犯罪，贖罪日再贖回」，贖罪日也不會贖回。贖罪日只能贖回人與上帝之間的罪孽，但它不會贖回侵犯他人的行為，除非進行了調解。

贖罪日的前夕，在猶太會堂的開啟儀式上，誦讀《柯爾·尼德拉》(*Kol Nidrei*) 最是件大事。儘管阿拉米語的詞句是一種乏味的宗教表白，用來取消錯誤的誓言，但那激動人心的旋律，大家以敬畏和期盼的心情聚集在上帝面前形成的莊嚴氣氛，以及身着莊重考究服飾，這一切構成了猶太年裏最動人的時刻之一。

隨着齋戒的結束，第二天的最後儀式是「閉關」(Neilah, the closing of the gates)；禮拜者被鼓動起來加入這天堂之門開放的最後時刻。隨着高唱「聖父，聖王」(Avinu Malkenu)，大家情緒達到高潮，齊聲讚頌上帝，最後吹響了羊角號。

主要的節日大致如此。另外還有許多小的節日，最通常的是光復節[*](hanukah)，普珥節[**](Purim)，新年植樹節和以色列獨立日。

光復節慶祝大約開始於公元前165年起義大軍瑪喀比對聖殿重建。其來源可見《塔木德》的描述：

---

[*]　　也可稱哈努卡節，淨殿節，供奉節或燈節。

[**]　　也可稱命運節。

6　孩子們在慶祝逾越節 © Yad Vashem, Jerusalem

光復節的八天開始於基斯里夫月（Kislev）的二十五日，在此期間，人們禁食以示紀念。因為希臘人進入聖殿時玷污了聖殿裏所有的油，當猶太人的起義大軍瑪喀比（Hasmoneans）變得強大起來並擊敗了希臘人後，他們在聖殿搜尋的結果只找到一壇還保留着大祭司封口的燈油，但它們只夠用一天的。奇跡發生了，它們卻點了八天。隨後的一年裏，他們把這幾天定為一個節日來讚美和感恩上帝。

通過把注意力集中在「燈油奇跡」（沒在其他資料上提起過）上，拉比把來自軍事勝利的感恩節日轉化成慶祝光明戰勝黑暗的節日。按《撒迦利亞書》（Zechariah）裏的話說，「不是強權，也不是暴力，而是我的精神取得了勝利，萬能的主這樣說。」（《撒迦利亞書》4:6）

在節日的八天中的每一個夜晚，點燃的燈「昭示着奇跡」。在第一個夜晚點一個燈，第二個夜晚點兩個燈，依次類推，最後的夜晚點八個燈。油燈改為蠟燭，今天大多數人都有特別為光復節準備的大分枝燭架（menora或hannukiya）。這些燭架許多都設計精美，由貴重金屬製成。

表4.3 2001年的猶太曆*

16/17 Sept. 2004	1 and 2 Tishri	New Year
19 Sept. 2004	4 Tishri	Fast of Gedaliah
23 Sept. 2004	10 Tishri	Day of Atonement
30 Sept. 2004	15 Tishri	Sukkot, First Day
7 Oct. 2004	22 Tishri	Shemini Atzeret
8 Dec. 2004	25 Kislev	First Day of Hanukah
22 Dec. 2004	10 Tevet	Fast of 10th Tevet
25 Jan. 2005	15 Shevat	New Year for trees
24 Mar. 2005	13 Adar	Fast of Esther
25 Mar. 2005	14 Adar	Purim
24 Apr. 2005	15 Nisan	Pesach, First Day
30 Apr. 2005	21 Nisan	Pesach, Seventh
13 June 2005	6 Sivan	Day Shavuot
24 July 2005	17 Tammuz	Fast of 17th Tammuz
14 Aug. 2005	9Ab	Fast of 9th Ab

下面附加的節日可見於在外散居的猶太人：

1 Oct. 2004	16 Tishri	Sukkot, Second Day
8 Oct. 2004	23 Tishri	Simchat Torah
25 Apr. 2005	16 Nisan	Pesach, Second Day
1 May 2005	22 Nisan	Pesach, Final Day
14 June 2005	7 Sivan	Shavuot, Second Day

---

* 公曆civil date，民曆，但此處係指公曆，和《猶太百科全書》（上海人
民出版社，1993年8月，第721頁）不同。《猶太百科全書》認為，民
曆指第二聖殿期以後在民間通用的、以提歇利(Tishri)月為元月的曆
法，以區別寺曆或教曆(以出埃及的尼散月為元月)。

按希伯來聖經中《以斯帖記》(*Esther*)的描述，普珥節是慶祝猶太人從波斯國王亞哈隨魯(Ahasuerus)試圖滅絕猶太人的陰影中掙脫出來的日子。在早晚的各個儀式後，在大庭廣眾之下朗讀《以斯帖記》(megilla，希伯來羊皮紙卷裝訂成的《以斯帖記》)。有一種流傳甚廣的風俗，每當念到書中惡棍哈曼(Haman)的名字，人們就發出噪音表達憎恨。更挑剔的做法強調，每一個字都必須聽清楚。

　　這天有一種狂歡的氣氛，通常是梳妝打扮，狂歡的列隊儀式，甚至是諷刺性的誇張表演(Purim Spiel)。按《以斯帖記》9:2所說，施捨要散給需要的人，人們彼此贈送食品，大擺宴席盡情歡樂。至於陶醉到什麼程度則眾說紛紜。

　　新年植樹節在《塔木德》中曾提到過，但它是隨着近代「重返錫安」運動才逐漸成為一個流行的節日。特別是在以色列，新年植樹節(Tu biShevat)被冠以學校的假日和植樹節而廣為人知。還有一個廣為流行的習俗是吃十五個應季的水果，以色列土地上產的水果尤受偏愛。

　　無論從政治還是宗教方面來看，以珥月(Iyar)的5日(公曆4月底或5月)在教曆上作為以色列獨立日(*Yom Ha-Atzma'ut*)並非沒有爭議，不過許多猶太人，包括以色列境內和境外的，都慶祝這一節日，誦讀特殊的讚美詩和祈禱文，以及組織社會活動。

7　吹響羊角號（通常由公羊角製成）　© Werner Braun, Jerusalem

齋日

　　除了贖罪日外，一年還有五種公共齋日，其中最重要的是埃波月9日（*Tisha b'Ab*），紀念兩次聖殿被毀以及其他悲劇的發生。贖罪日和埃波月9日都是24小時的禁食齋戒，從一天的日落到下一天的夜幕降臨之前，不準吃喝任何東西。當然對那些禁食困難或有危險的人可以豁免。其他的齋戒日只限於從拂曉到夜幕降臨。

第五章
精神生活 ── 祈禱、沉思、托拉

　　下面的故事出自《塔木德》。一些解釋放在方括號裏，你要自己區分每次使用的代詞「他」是誰。不要對故事裏刻畫的先知以利亞(Elijah)表示吃驚；儘管他在《塔木德》成書之前一千年就乘一駕烈火戰車登臨天堂，但他不時回到人間，來指引和鼓勵有學識的人和虔誠信仰者，甚至在我們充滿懷疑的時代，據說還有人看到他現身。順便說一下，「來世」(Destined for the World to Come)意思上和基督教表達的「獲救」(Saved)很相似。

> 拉比伯洛卡(Baroka)經常去萊斐提(Lefet)市場，以利亞時常伴隨他。他問他，「在這個集市中有沒有需要救贖的人？」以利亞回答說，「沒有。」
> 過了一會，拉比看見一位腳穿黑鞋，在衣服上沒佩藍線〔即他沒有按猶太教方式著裝〕，以利亞說：「這人需要救贖。」
> 他們又一起向前走，他問「你要做什麼」，他說「今天離開，明天回來」。第二天，他又問，「你

要做什麼」，他說「我是一名獄卒，我使男人和女人分開，我把床放在他們之間，這樣他們就不能幹任何〔托拉〕禁止的事情。當我看到一位猶太姑娘被異教徒一個迷戀上後，我會馬上保護她。有一天，一位已經訂婚的猶太姑娘被一個異教徒盯上了，我立刻把紅酒糟灑在她的裙子上。那人以為這姑娘正來月經〔便不再理睬她〕。」

「你為什麼不把藍穗佩在衣服上，為什麼穿黑鞋子呢？」

「因為我去了異教徒中間，我不想讓他們知道我是猶太人，這樣他們一旦制定了反猶條例，我能通知拉比，拉比會去祈禱，從而防備反猶條例所帶來的災難。」「當我問你要幹什麼的時候，你告訴我要離開，第二天回來，這是為什麼呢？」「當時異教徒剛剛制定了一個條例，我說我必須立即去通知拉比，這樣拉比可以就此進行祈禱。」

就在這時，有兩個兄弟從他們身邊走過，他對他說，「他們也注定要去來世」。

他走過去，問他們，「你們是幹什麼的」？兄弟倆回答說，「我們扮演小丑，我們給絕望的心靈帶來快樂；當看到別人吵架時，我們會過去為他們調停。」

這個奇妙故事的焦點是那些自己知道什麼是「真正精神」(spiritual)的人。以利亞顯示給拘禮的拉比伯

洛卡看的「具有真正精神的主角」，不是刻意炫耀虔奉宗教的人，甚至不是像伯洛卡拉比那種有學識和虔誠的人(很顯然想獲取他並沒有從先知那裏獲得的讚揚)。他們可能是相當普通的個人，甚至不是傳統意義上的教眾，他們樸素的行為提高了他們周圍人的生活質量——照顧他人的人、有同情心的人，這些人用他們的才幹減輕了人類的重負。

從聖經的戒律到真正的精神信仰之間似乎還有漫長的一段路，「你應該成為聖者，因為你的主是神聖的」(《利未記》19:2)。但成為聖者僅僅體現在禁食、祈禱和「精神」實踐中嗎？顯然不是，《利未記》的大多數篇章中，它往往同社會行為緊密結合，卻沒有提到禁食和祈禱。「盡你的全部方法來了解上帝」(《箴言》3:6)這句話表達了猶太傳統對「真正精神」的理解；生活的每一個層面，不僅僅是履行宗教義務，應該是獻身上帝的載體。真實的精神或神性，體現在日常的社會生活中，其中也包括祈禱、研讀和苦行實踐。

不過，祈禱仍然在猶太教中佔有極其重要的位置，是精神表達的主要方式之一。與祈禱等同甚至更為重要的是研修《聖經》。祈禱和研修《聖經》都是為了我們內心的懺悔，為了重返我們的家園——上帝的懷抱。

什麼是祈禱

《聖經》裏面記錄了許多個人祈禱的例子，其中最精彩的是所羅門(Solomon)在聖殿的祈禱獻辭(《列王紀上》8:22–53)。這些讚美詩有集體的祈禱詩也有個人的祈禱詩，後被編輯成冊，書名叫《第二聖殿時期的祈禱手冊》(*Prayer Book of the Second Temple*)。書中的許多祈禱詞直到今天依然持久彌新，並不斷激勵着猶太教和基督教的信仰者。

或許因為祈禱是一種正常的人類行為，聖經裏面沒有明確讓人們祈禱的「誡律」。儘管如此，拉比卻在《申命記》10:24中發現這樣一句話：「主啊，你的上帝，你必須要尊崇(serive)他。」因為祈禱是一種「儀式」——「內心」的儀式，這與在聖殿裏通過犧牲舉行的儀式是相互對照的，祈禱詞教導我們通過每日的祈禱來「尊崇」上帝。正像邁蒙尼德(Maimonides 1138–1204)所說：「任何一個人〔不分性別〕每天都應該祈禱，並宣明對上帝的讚美，祈求上帝的祝福，然後祈求上帝的賜予……最後對上帝所賜予我們的一切，根據個人的能力，來讚美和感謝上帝。」

編修《塔木德》的拉比們在他們討論祈禱時引進了「卡瓦那」(*Kavvana*，即「方向」，「目的」)或內心的概念。他們把哈拿(Hannah)祈求生子(《撒母耳記上》1 Sam. 1)解釋為真誠、發自內心祈禱的範例；我們向哈拿學習到祈禱需要內心的投入，是心而不是嘴

8　倫敦拜維斯‧馬克猶太會堂，建於1701年。

唇，祈禱不僅僅是話。按《詩篇》的語言講，它是一種「心靈的洋溢」，是一種「內心深處的呼喊」。

卡瓦那祈禱分幾個階段。立陶宛(Lithuanian)拉比哈伊姆‧蘇羅維茨(Hayyim Soloveitchik, 1853–1917)把卡瓦那分成兩個階段，第一階段僅僅是對祈禱文字本身簡單意義的理解；第二階段是通過心靈來感受和體驗上帝的存在。後一階段應該是祈禱的實質，即使詞匯本身有意義，但沒有領會其中敬畏和神秘的深切含義，也不是祈禱。

祈靈、讚頌、感恩、祈求(為自己和為他人)、懺悔、祈求上帝的寬容等構成了祈禱的主要內容。

祈禱者應該向誰祈禱？邁蒙尼德《信仰的十三條原則》(*Thirteen Principles of the Faith*，見附錄A)的第五條原則規定：「只有向造物主祈禱才是正確的，除此以外，不能向任何其他的存在祈禱」。邁蒙尼德不贊成神秘主義者有時向天使或舍金納(Shekhina，神靈的外在表現)祈禱，而不是直接面向萬能的造物主。

宙哈(Zohar)是(13世紀後期)西班牙卡巴拉派取得最高成就者，他認為祈禱是連接地上和天堂的「雅各之梯(Jacob's ladder)」，「當祈禱達到天空(firmament)時，天空的十二道門便會敞開，在第十二道門之上，會有一位名叫埃奈兒(Anael)的天使，負責招待和安排住宿。當祈禱繼續上升，天使也要登到更高處，並隨口念『開啟吧，哦，你的思維之門……』」(《詩篇》，

24），所有的門都開啟，祈禱將穿越這些門。」這樣，通過高處天使的調解，間隔打通了，下界和上界連在了一起。

祈禱實質上是一種個人行為，是個人和他或她的上帝之間的交流，而不受猶太會堂的約束；然而不論在何地，猶太人祈禱都要誦讀正式的祈禱詞。因為舍金納降臨在「以色列會幕」（camp of Israel，一種信仰者的聚會），猶太人的集體祈禱增加了一個重要的精神尺度——舍金納。因此，在集體祈禱中人們要誦讀正式的祈禱詞，如果可能的話，還要使參加祈禱的人數達到「法定教徒人數」（minyan）[*]，即在進行集體祈禱時，至少有十名年滿十三周歲或更年長的猶太男子參加。儘管不是必需的，但最好在猶太會堂祈禱；在學經堂(Bet ha-Midrash)，那裏是正規學習托拉的地方，它比「只是」個人祈禱或公共聚會的地方更富神聖。

《塔木德》裏記述了不止一個事例表明婦女的祈禱地位勝於她的丈夫，但它仍把婦女的祈禱地位降格到「個人」範圍，以致她們不能去構成祈禱的法定人數，也不必參加公共禮拜。在意第緒語(Yiddish)中，婦女的祈禱稱為「太持內斯」(techines)，具有特有的精神特徵，或許早在15世紀，被發展成婦女專用的詞匯。猶太教非正統派分支(參見第七章)在某種程度上給了婦女同男子一樣的會堂地位。自從20世紀80年代

* 兒童和婦女均無資格參加計數。

以來，正統派婦女專用儀式沿着相似的方向發展成通用儀式，儘管如此也並非沒有爭議。

祈禱有用嗎？

祈禱「有效」嗎？它起作用嗎？納粹屠猶的辛酸經歷，讓許多猶太人否定了「上帝是一個干涉者」(interventionist)的傳統概念，上帝顯然對他子民的祈禱沒有作出任何反映，把他們從可怕的災難中拯救出來。甚至在納粹屠猶前，已經有人被自然科學和哲學原理的論證所吸引，和傳統的說教相反，認為上帝不會直接干預人類的生活。

儘管如此，傳統主義者(traditionalists)仍然認為上帝是通過調整和改變世界的外部現實來回應人們的祈禱；有些人則強調祈禱的間接效果，認為祈禱是通過人們的心理過程來影響外部事件的，包括「自我實現的預言」這一現象。然而，現實生活並不是那樣的簡單。即使不可能科學地展現祈禱改變了外部現實，但信仰者仍會聲稱他或她在外部世界的事件中感受到上帝的存在。

毫無疑問，祈禱改變着祈禱者的內心世界。實際上，希伯來語「祈禱」(tefilla)一詞的詞根是「判斷」的意思，因此，tefilla一詞本身就有「自省或反省」的意思。在祈禱中，人們會更好地了解自身並取得精神上的發展。但許多人認為對祈禱僅僅作這樣的

表述是不充分的。赫歇爾*否認祈禱是一種「宗教唯我論」，把祈禱僅僅看作是（某種心理的）「自我暗示」，他對祈禱只是「好像」上帝正在傾聽，同時卻對上帝的作為表示了質疑。

禮拜儀式

《詩篇》的作者（Psalmist）大衛王一天祈禱七次（《詩篇》119:164），巴比倫的但以理（Daniel）每天祈禱三次（《但以理》6:11）。儘管許多學者對禮拜儀式持有異議，但有一點是肯定的，猶太人的祈禱，不管是集體的，還是個人的，在70年聖殿被羅馬軍隊毀壞之前，就已經與聖殿崇拜脫離，並建立起一整套較為完善的儀式。

然而，直到大約100年，祈禱儀式還沒有完全規範化和制度化。猶太教禮拜儀式的先驅是迦瑪列二世（Gamaliel II），他不僅是耶路撒冷附近的雅維學院（Yavne）的院長，也是猶太人實際的領導者。猶太基本禮拜儀式的形成同基督教儀式的形成在時間上大致相同，或許猶太教和基督教的領袖們都把固定不變的祈禱儀式看作是規範信眾的信念、促進「宗教正確性」的一個手段。

無論從那個角度來說，迦瑪列二世的儀式都確立了猶太教祈禱儀式的基本形式和大部分內容。直到今

---

*   Abraham Joshua Heschel, 1907–1971 美籍波蘭猶太神學家。

天，不管是改革派還是正統派都遵循迦瑪列二世的儀式。禮拜儀式規定，每日必須有三次祈禱：晚禱叫做瑪瑞沃（Maariv或Aravit），早禱稱為沙采特（Shacharit），午禱叫梅察（Mincha）。在安息日和節日期間，還要在早禱之後進行額外的祈禱（Musaf），在贖罪日還要進行關門祈禱（Neilah）。

每日三次祈禱

瑪瑞沃（Maariv或Aravit）	晚上
沙采特（Shacharit）	早上
梅察（Mincha）	午後

禮拜中主要的禱文有二種。第一種稱為「示瑪」（shema重音在a上），它由三段經文組成，開篇是宣佈「上帝獨一」。另一種禱文稱為「阿米達」（Amida，表示站立）或「示蒙・伊斯瑞」（Shemone Esreh，即「十八」——最初的段落數目），由讚頌、祈求和感恩三部分組成。

示瑪只在晚禱和早禱中使用，但不能在午禱中使用；阿米達則在每日的三次祈禱中都能使用。

迦瑪利二世僅僅為猶太人禮拜定義了祈禱開始和結束部分，主持禮拜的人或禮拜的個人要圍繞主題即席發揮。他的祈禱文用簡練的希伯來語寫成，但允許人們用本地方言進行誦讀。

在迦瑪列二世以前，托拉的普及讀本已經出現，但卻沒有固定的、專供禮拜用的托拉經文選編本，他本人也沒有制定。現在，在猶太人中間通用的方式是，在轉經節的開始和結束，大家在會堂集體誦讀《摩西五經》（《創世記》《出埃及記》《利未記》《民數記》和《申命記》），以一年為周期，每個安息日早上讀一種手寫的羊皮紙經卷，稱作《托拉匯編》（Sefer Torah）。另外，還有其他一些形式的禮拜儀式讀本，它們大部分選自聖經經文。

祈禱的姿態

阿米達祈禱是以虔誠的態度靜靜地站着，雙腳並攏，雙手重迭放在心口上，面朝耶路撒冷的方向；並四次微微鞠躬。正確的身體姿勢並不是最重要的，重要的是必須精力集中。如果在病中或在旅途中，站姿會影響人集中精力，那麼可以坐姿祈禱；如果你太焦慮（或太激動）以致於不能集中精力，那麼你這時候不能進行法定的祈禱。

示瑪的首段（《申命記》6:4–9）
以色列人那，你們要聽！我們的上帝是獨一的主！
祝福他的名字，他輝煌的統治將會永駐！
你應該用你的整個心、整個靈魂及所有的力量來愛你的主。我今天訓導你們所說的這些話，你要記在心中。無論你坐在房內，走在路上，還是躺下、起身，你們必須要把

它們教給你的孩子，說給他們聽。你應該把這些經文作為記號帶在你的手上，成為你眼中最美的飾物。你應該把這些經文寫在你房屋的柱子上，寫在你們的門上。

希勒爾學派(school of Hillel)主張不分場合，「隨時隨地」誦讀示瑪禱文，即不必採取特殊的姿勢。當你把自己融入第一段的「上帝獨一」(「以色列人那，你們要聽！我們的上帝是獨一的主！」)時，你應當保持平靜、閉上眼睛，把手壓在經文上面，集中精力進行祈禱。

　　但以理學派(Deniel，《但以理書》6:11)主張跪拜，在聖殿時代曾出現過跪拜或臥拜，但現在猶太人已不再這樣了。跪拜和臥拜，今天只局限於猶太會堂在新年節或贖罪日額外的阿勒努(Alenu)祈禱以及以後的聖殿儀式的吟誦。

猶太會堂的讚美詩和聖歌

　　希伯來祈禱詩深深植根於《聖經》本身——例如，源於《詩篇》。巴勒斯坦的皮猶特(piyyut 這個詞來源於希臘語，相當於英文的poet)猶太學院，在7世紀阿拉伯人佔領巴勒斯坦之前就已經相當繁榮了。當時最著名的詩人是以利薩·卡利亞(Eleazar Kallir)，他的創作直到今天仍然在正統教派禮拜儀式上佔顯著的位置。以利薩·卡利亞善於運用韻律、離合詩和迭句等

複雜模式，儘管也有一些簡單風格的精緻例子，但他的詩常常富有新詞和聽來奇特的語言形式。

這裏有兩首對比鮮明的希伯來禮拜詩。第一首叫塞利亞(Seliha)或懺悔詩，是由穆斯林統治下的西班牙著名詩人、哲學家所羅門・本・伽比洛(Solomon ibn Gabirol，生活在公元11世紀)所作。

> 我感到震驚，陷入深深的痛苦；每當我想起自己的無恥 —— 我能說什麼來面對我的主？
>
> 我感到孤獨，說不出話來；每當我記起自己的罪孽 —— 我感到羞愧和驚訝。
>
> 我的時光都白白地揮霍，因為我小時候無賴 —— 我從沒有老實過……
>
> 當我的罪孽煩我的時候，我的願望則使我安慰：「讓我們再回到主的周圍。」(2 Sam. 24:14)
>
> 從你居所的座位上轉過身，向我敞開你的門，這裏除了你沒有別的人。
>
> 噢，我的靠山，快給我保護！傳給我你的托拉，把我從罪過中引渡……
>
> 寬恕我們的罪孽，原諒我們無知年少，因為我們的時光對你來說僅僅是陰影一道。

下面幾段詩是《萊卡・都迪》(Lekha Dodi，即「來吧，我的朋友」Come, my friend)一詩的前四段和最後

一段，該詩是1540年由卡比拉派的所羅門·阿卡拜茨（Solomon Alkabetz）所作。詩裏的安息日被擬人化為新娘和王后，而今天幾乎在所有的禮儀場合都要吟唱這首詩。在星期五晚上的安息日祈禱中，不管是正統派還是改革派，都是如此。它提醒我們，安息日本身是教徒一個重要的精神經歷，它向所有的人，包括男人、女人和兒童敞開了精神之門。

> 來吧，我的朋友，為了同新娘相見，讓我們一起享用安息日的聖餐！
> 獨一的主應按一個詞來「牢記」和「信奉」
> 主是獨一的，他的名字也是獨一的；名字應享受光榮與讚頌！
> > 來吧，我的朋友……
> 來，讓我們同安息日相見，因為她是賜福的源泉
> 從歷史的開端就來探索，最後的思想卻如此渾然。
> > 來吧，我的朋友……
> 王室的聖殿，皇家的住地，都從你來推翻後才建立！
> 你已經太長地生活在塵世之中，他會對你充滿同情！
> > 來吧，我的朋友……
> 我的人啊，抖落你身上的塵土，披上你美麗的新服，
> 拖近到我的靈魂，讓伯利恆耶西（Jesse）的兒子拯救他出凡塵！
> > 來吧，我的朋友……

平静地來吧，你丈夫無上榮耀，帶着愉悦和歡笑，
噢，來吧，新娘，噢，來吧，新娘，走進這特殊的
信眾

　　來吧，我的朋友……

儘管在托拉傳統的祈禱吟唱詩和其他一些古老形式的
讀物(nusach)中仍保留着一些基本成分，但古代猶太音
樂確實鮮為人知。在中世紀出現禮讚員(hazzan，這個
詞本身很古老，但其角色在不斷變化)這一角色，禮讚
員的任務是增強公眾禮拜的「美感」。今天，在較大
的猶太會堂，除了拉比，通常也都以擁有一個專職的
禮讚員而自豪。

　　在(意大利北部的)曼杜阿(Mantua)，所羅門‧羅
西(Solomon de' Rossi)曾把意大利文藝復興(Renaisance)時
代的聲樂配對法(vocal conterpoint)引入猶太會堂的禮拜
吟唱中。自18世紀以來，哈西德派開始把西歐的民間
音樂引入猶太會堂。19世紀，奧地利的所羅門‧舒爾
茨(SolomonSulzer)和德國的路易茲(Louis Lewandowski)，
後者是普魯士皇家藝術學院首位猶太學生，也是現代
猶太會堂首位合唱指揮，他們把合唱、管風琴和門德
爾松的風格融為一體；但正統派拒絕混合合唱和管
風琴。20世紀，一些有名的猶太作曲家，像達羅斯‧
米爾哈德(Darius Milhaud)和埃內斯特‧布洛奇(Ernest
Bloch)開始為猶太會堂作曲。

當猶太會堂在培育它自身的傳統之時，周邊的音樂風格和品位也一直不斷地影響着猶太音樂。僅僅通過傾聽音樂的旋律，受過音樂燻陶的禮拜者就能夠闡明大部分猶太歷史。音樂同建築和裝飾藝術一樣，形成了猶太教精神表達必不可少的一部分。

愛上帝；沉思、默禱；虔誠派關於猶太教，流傳最廣泛、只具有部分真實性的一種説法是，猶太教缺少一種像基督教那樣的「教階制度」（religious orders）。的確，在猶太教中，既沒有修女，也沒有修士，然而，在幾個世紀漫長的歲月中，猶太教卻不乏各種思潮、運動和以特殊的精神方式獻身上帝的「精英團體」。

拉比猶太教本身源於這樣一種運動 —— 同盟運動（haverim，即「朋友」或「夥伴」），該運動形成於一世紀，旨在強化遵從什一税和純潔信仰的法規；像某些《死海古卷》派成員那樣，他們更願意如同在上帝面前一樣在上帝的聖殿裏一起聚餐以示「純正」。

還有兩個被稱為「塞雷特」（Chariot）和「亨科哈羅特」（hekhalot）的神秘教派，大約產生於公元3世紀，他們的讚美詩把舉行「升天」（heavenly ascent）儀式作為最高的精神體驗。

12世紀，在埃及出現猶太蘇非運動（Jewish Sufi Movement），該運動遵從神秘的精神信條和苦行實踐（ascetic）。最近出版的兩本新書，一本是亞伯拉罕·邁

9 馬賽克上刻畫的演奏豎琴的大衛王 © CIRCA Photo Library, Manchester

蒙尼德(Abraham Maimonide)寫的《上帝奴僕之概要》
(*Compendium for the Servants of God*)；另一本是阿伯迪亞·
邁蒙尼德(Obadiah Maimonide)所著的《論文集》(*Treatise of the Pool*)，這兩本書集中闡述了埃及的哈西德運動或
「虔誠派運動」；亞伯拉罕·邁蒙尼德和阿伯迪亞·
邁蒙尼德分別是摩西·邁蒙尼德的兒子和孫子。

幾乎在同一時間，在遙遠的西歐也形成了哈西德
運動 —— 阿什肯那茲哈西德運動(Hasidei Ashkenaz，
「德國的虔誠派」)，該派強調神秘主義和殉難。這有
幾句詩選自以色列·贊格威爾(Israel Zangwill)翻譯的、
由哈西德領導人之一猶大·哈－哈西德寫的《讚美上
帝輝煌》(*Hymn of Glory*)，它表達了對與上帝接近的神
秘渴望和沒有人能真正了解上帝屬性的哲學認識交織
在一起的情感：

> 優美的旋律是我對上帝的讚美，
> 因為你就是我精神追求的全部 ——
> 在你的庇護下，
> 理解你神奇的玄義是我的歸宿。
> 你的恩典賦予我表達的力量，
> 我深愛你的心扉才得以開張……
> 縱然我從沒看見過你，但我能夠讚美你的輝煌，
> 縱然我從沒經歷過你，但我可以想見你的道路
> 通過先知和信眾的神奇講述

你創造了非凡的無形引渡。

從你的宏篇巨著裏頭

他們同樣領略到你的崇高。

他們談到你，並不按你的原樣，

因為從你的創造中他們試圖把你更加形象……

自此以後，猶太教的精神運動還經歷了：16世紀以巴勒斯坦的賽費德(Safed)為中心的神秘主義運動；18世紀烏克蘭的哈西德運動，今天的哈西德運動就屬於這次運動；(19世紀由立陶宛正統派著名拉比)以色列·撒蘭特(Isreal Salanter)創立的倫理運動(Musar Movement)，該運動強調猶太人的倫理自律。

學識

猶太精神中最普及、最易理解和最顯著的特點是對托拉的學習。希勒爾(Hillel，一世紀早期)最傑出的門徒，烏茲爾(Uzziel)之子約那單(Jonathan)，據說當他坐下來學習托拉的時候，他的激情之火是那樣的強烈，以致於當一隻小鳥從他頭頂飛過時，它也會突然燃燒。托拉的每字每句，就好像在西奈山它們被賜予人們時那樣，讓人感到充滿喜悅。

在猶太經學院(Yeshiva，今天也有類似的女子學院)中，年輕的男子中的大部分不是為了追求拉比的職位，而是懷着一種虔誠的心來學習傳統的托拉。來自

猶太經學院的理想浸透到普通百姓的生活，他們參加一種名為「什雷姆」(shiurim，課程和演講)的宗教課程。可以在早禱前的清晨參加什雷姆，也可以在每日工作後的晚上或每天能插空的任何時間參加什雷姆。他們一般都定期偕同好友一起參加學習，而共同的精神紐帶又加深了相互間的友誼。

像本章的開篇一樣，讓我們用一個故事來結束本章。這是一個追憶往昔的故事，作者約瑟夫・杜・蘇羅維茨(Joseph Dov Soloveitchik)是20世紀最重要的正統派猶太思想家之一，他的童年時代是在中歐度過的。

我在回憶自己的童年時代，那時我很孤獨，對世界充滿了恐懼……我似乎覺得所有的人都在嘲弄我。但我有一個朋友 —— 不要笑 —— 邁蒙尼德！

邁蒙尼德是我家的常客……

父親每天的宗教課是在祖父房中的廳裏進行的，而我的床就放在那兒。我常常習慣於坐在床上聽父親誦讀。在誦讀中，父親常常提到邁蒙尼德……父親打開《革馬拉》(《塔木德》)，並閱讀要學習的章節，他說：「這是拉希和《托薩福》(Tosafot)對《塔木德》的解釋，現在讓我們看看邁蒙尼德對此是怎樣解釋的。」他總是會發現邁蒙尼德不同的解釋，它與以前的意思不一致。他會說……好像個人向邁蒙尼德訴說：「拉比努・摩西，你為什麼要這

樣做呢？」為了不打斷父親的思路，我們會一直保持沉默。過了很長一段時間，父親會慢慢地抬起頭來，又開口道：「先生們，讓我們現在看看……」我明白的不是經文的詞句，而是銘刻在我年輕、無邪的心中的兩個印象：(1)我感到邁蒙尼德已被他的對手和「敵人」包圍了，他們要傷害他；(2)父親是邁蒙尼德惟一的辯護者，如果沒有父親，誰曉得在邁蒙尼德身上會發生什麼呢？……

我傷心地去找母親：「媽媽，爸爸不能為邁蒙尼德辯解！我們要做些什麼？」母親總是說：「爸爸會為邁蒙尼德找到答案的。如果爸爸不能，或許等你長大了會為邁蒙尼德找到答案。對你來說，現在最重要的事情是，你必須要不斷的學習托拉，並在學習中感到喜悅和激動。」……

儘管童年沒有金色的夢想，但兒時的心理體驗和歷史的現實直到今天仍扎根於我心靈深處。當我坐下來專心閱讀的時候，立刻會發現歷史上眾多的哲人正在與我相伴，並同我結成了私交。邁蒙尼德在我右邊，拉比努(Rabbenu Tam)在我的左邊，拉希在我的前面向我解釋托拉，拉比努提出問題，邁蒙尼德在做回答，拉韋德(Raavad)進行反擊。他們都聚集在我的小房間裏……，他們慈愛地看着我，加入到論證和《革馬拉》裏來，像父親一樣支持和鼓勵我。

對托拉的學習不僅僅是一種口頭的説教……，它是世代相傳的對上帝之愛最有力的表達，是與精神和心靈的結合，(就好像是)那些托拉的記錄者同那些托拉的學習者在一個歷史的小店中相遇(並熱烈的交談)。

第六章
建立一個猶太人的家庭

你是一位猶太人，可能已經結婚並打算建立自己的新家庭，那麼下一步該做什麼呢？

停下來想一想，你可能決定緊縮開支，攢錢買自己的房子或公寓。如果把自己同全世界的猶太人相比，而不僅僅限於紐約、倫敦和約翰內斯堡這樣的國際大都市，你是幸運的，因為世界上還有許多猶太人沒有立身之地，還有許多年輕的猶太人仍同父母住在一起而沒有屬於自己個人的空間。或許你不看重這些。如果是這樣，你是一個很正常的人，一個隨遇而安的猶太人。但是讓我們假設你是在實踐這樣一個想法，即使你不是一個聖徒，一個準備或願意把自己的一生獻給托拉理想的男人或女人，你將成為不平凡的人，但你將不是獨一無二的。

義舉

因為你是一個理想主義者，你首先想到的是盡你的所能來幫助那些沒有同你共享好運氣的人。一般來說，在舉行婚禮的儀式上，你和你的父母會向貧窮者

提供幫助；在你祖父母的年代，尤其是居住在西歐鄉村的人們，在舉行婚禮的日子及其他節日會邀請當地的窮人來參加慶祝儀式，共享節日食物。但在今天日趨「文明」的城市社會，這一風俗已不再存在。

你有固定收入並足以維持一個家庭，那麼你就必須拿出收入的一部分來實施「義舉」（tzedaka），一般是撥出收入的十分之一作為義舉。什一稅（tithe）的觀念最初來自希伯來聖經，聖經裏記載說：以色列土地上的農民應該把他的牛、羊及農產品的十分之一奉獻出來，供教士、公共管理人員（Levites）和窮人使用。13世紀，德國人亞瑟·本·耶海奧（Asher ben Yehiel），後成為西班牙巴塞羅那著名拉比。他推論到：猶太人由於他們所犯的「罪」而被迫離開了他們的國土，在這種情況下，假如經濟狀況變得比以往更好了，我們也不會感到有太大的意義；雖然今天我們無須再把我們產品的十分之一獻給教士和公共管理人員，但我們至少還應該把我們金錢利潤的十分之一（有人主張五分之一）奉獻出來，以支持社會公益事業和救助窮人。

「什一稅」同個人的宗教意識有關，它不是由社區強制徵收的稅收。什一稅的數量也不是固定的，如果公益事業需要，你也許會奉獻多於你收入十分之一的財物；相反，如果你家庭需要，你可以奉獻少於你收入十分之一的財物。但無論如何，按當今的財政實踐是很難定義「什一稅」這一概念的。例如，什一稅

是指稅前還是稅後收入的十分之一？還有，通過國家徵收的稅金，該稅金用於支持公益事業，像教育、住房、健康等，這樣的稅金在多大範圍內屬於什一稅的範疇？

當你準備建立自己的家庭時，你也許不會為房屋更精美的構建而過分擔心，你最終所關注的是保證你的家庭把義舉作為家庭生活的準則。義舉不僅僅是奉獻財物，心胸寬廣的人認為實施義舉是仁慈之心的體現，是對求學者、陌生人、窮人的關心，是拜訪病人，關心其他人的社會福利。

麥朱扎(Mezuza)

現在，你的身心已有了安居之所，那麼讓我們來觀察一下房子本身吧。示瑪(Shema)篇中說：「你應該把它們(例如上帝的誓言)寫在紙上並張貼在你房屋的門上面。」根據拉比對《申命記》中示瑪含義的解釋，示瑪前二段話的意思是：應該用墨水把示瑪寫在羊皮紙上並放在一個鏡框中，然後把鏡框掛在門框進門的右手，高度至少是門高的三分之二(不能掛在頂端)。寫有示瑪的羊皮紙放在一個鏡框中，這個鏡框被稱為「麥朱扎」(mezuza)，意思是門柱(doorpost)。在許多猶太家庭的門上都可以看到這樣的麥朱扎，但對於那些嚴格的正統派猶太人，在他們浴室的門框上絕對禁止掛麥朱扎。

猶太教正統派男子在一些特定的祈禱節日常常佩戴太利特(tallit)和太非利(tefillin)，如果不詢問，你看不到，因為他們不喜歡展露出來。太利特又稱「祈禱披肩」。祈禱披肩一般折成三角形，通常用羊毛織成，四角飾以流蘇(根據《民數記》15:34–41)，一般在早禱中披上披肩。太非利也稱「祈禱匣」(單詞phylacteries不是一個轉譯詞，它來自希臘語，是「保護者」)。經匣是指兩個由羊皮作的盒子，它用帶子固定在身上。經匣中放有四段經文，經文的內容來自《聖經》中的《出埃及記》和《申命記》，用希伯來語寫成；經文中包括這樣的誡律：「你應該把經匣縛在你的胳膊上，它應該成為你眼中最美的飾物。」根據猶太教規定：除安息日和其他節日外，必須在每日晨禱時佩戴經匣，參加祈禱的男子把一隻經匣固定在左胳膊上，並朝心臟的方向，另一隻經匣放在額頭上[*](在保守派、改革派和婦女中間很少有人佩戴經匣)。

　　你希望在猶太教家庭發現的其他宗教用品包括：安息日燭台、光明節用的八只燭台、安息日和其他節日的最後進行哈得拉(havdala)儀式時所使用的調味盒和燭台。人們將把各種各樣的高腳杯和一個逾越節家

---

[*]　佩戴經匣時應該站立，一隻經匣置於左胳膊肘的內側，盒面朝着心臟的方向，經匣由與之相連的皮帶固定，皮帶先要在左小臂上繞七圈，然後還要在手掌上繞三圈，組成一個代表上帝的希伯來字母，最後繞在中指上。另一隻經匣置於前額中央，一般在髮線之上，由與之相連的皮帶在頭的後邊打結固定。

10　佩戴披肩和經匣的猶太人。上圖是阿什肯那茲猶太人（Ashkenazi）的
佩戴風格，下圖是塞法迪克猶太人（Sephardic）的佩戴風格。

宴用的特殊盤子展現出來，當然並不是必須得這樣做。宗教儀式用品都是精緻的藝術品，並成為家庭的主要裝飾品。

書籍和教育

「聖書之民」（people of the Book）這句話來自《古蘭經》（*the Quran*），聖書之民是指猶太人和基督徒，這句話的意思不是「讀過很多書的人」，但即使這句話的意思是「讀過很多書的人」，用這句話來描述猶太人也很適合。在每一個新建立的猶太家庭中，都會有一個家庭圖書室，其中必不可少的書有：祈禱書（*siddurim*）、節日書（*mahzorim*）、逾越節書（*haggadot*）和《摩西五誡》（*Pentateuch*，聖經前五卷）及其評注（*Chumashim*，其中以拉希的評注最常見）。這些書在入學、行成年禮甚至在婚禮上都要用到。

如果你是一個修養較高的人，那麼你的書架上肯定還少不了大約二十卷本裝訂精美的希伯來文「巴比倫塔木德」以及其他猶太教經典著作。或許以色列是惟一一個國家，在那裏，各大報社競相向讀者免費提供或折價提供「巴比倫塔木德」，如果你生活在那裏並想得到一部，你只須通過一個簡單的小測驗或中獎就可以了。

關於猶太歷史、文學及富有幽默感的一般性書籍可以說是汗牛充棟，現在又出現了大量你喜歡的、主

要用於娛樂的聲像製品，像磁帶、錄像帶、CD盤等；另外，你還可以上互聯網同以色列各教派直接進行交流；同時，我們每天還可以讀到當地的猶太日報。如果在英國，大部分猶太人喜歡閱讀《猶太日報》(*the Jewish Chroniche*)，該報把自己描述為「全世界」猶太報紙的領導者，這份報紙創辦於1841年。

書籍放在書架上並不是僅僅作為裝飾用的，你會定期邀請拉比、你的朋友來家中一起參加祈禱課(shiurim)，研讀《塔木德》、《聖經》及其他猶太教經文。這樣度過一個周末將是最有意義的一個周末；如果你能堅持每天研讀經文，那你的每一天都將會很有意義。

正像我們在第五章中所看到的，在猶太教中，研讀《塔木德》是最高的精神境界，它是猶太家庭愉悅的源泉。學習不僅是孩子和社會精英的事情，也是全體以色列人的事情。最近幾年，猶太教發展最令人鼓舞的一件事情，是保守的正統派允許婦女參加拉比研讀課程，在過去，婦女受教育的權利常常被忽視。

可食之物

越來越多的年輕猶太人成為素食主義者，這不僅僅是從健康和經濟的角度考慮，也是為了進一步保護動物資源。許多人試圖從聖經或猶太傳統中尋求支持，他們認為，在聖經中，亞當和夏娃是素食主義

者。15世紀的一位拉比、聖經評注家以薩克·亞伯拉維諾(Isaac Abravanel)認為,在彌塞亞降臨之際,我們都會成為素食主義者(他的追隨者忽略了他的另外一些預言,他認為到那時我們都將成為無政府主義者和自然主義者並不再住在房子裏)。

假設我們置身在一個可烹調各種食物的廚房中,至少在這裏所有的食物都是猶太教「可食之法」——也就是說,托拉律法規定了「可食」的飲食。「可食」(Kosher或Kasher)是「好」的意思,即指猶太教法許可的「可食之物」,大多數人用「揣法」(Trefa)表示其反意詞。

首先讓我們看一看哪些走獸、鳥類、魚類是可食之物。《聖經》的《利未記》第11章對此作了詳細規定,這些規定在《申命記》第14章又再次被強調:走獸中分蹄、同時又會反芻的走獸,在實際中像牛、羊、鹿是可食的;豬、駱駝、馬和兔則是禁食的。聖經中列出一個禁食鳥類的名稱表,表以外的所有鳥類都是可食的,由於對表中所有的全部加以確認是不可能的,因此拉比只允許我們吃我們已知、傳統上認為是「可食」的鳥禽類,例如:鵝、鴨、鴿子、孔雀和家養的飛禽。所有帶鱗帶翅的魚類都可以食用,這不包括帶魚、黃鱔、貝類等,其他一些魚類被認為沒有一個「適當」的標準。傳統上,某些蝗蟲也可以食用,特別是對那些早已認可蝗蟲的人來說。

可食的走獸和鳥禽必須按照「禮定屠宰」(shechita)的方法屠宰，否則將變成「不可食」之物。必須考試合格並持有拉比頒發的屠宰執照的人才能從事屠宰工作，這種人稱為「禮定屠宰師」(shochet)；屠宰須是一刀致死，屠刀須直斷牲畜的頸部，不得扎刺、戳殺，也不得自內而外挑斷食管或氣管，屠刀必須要鋒利，同時還要放掉所有的血。這種禮定屠宰法被稱為是「人道」的。猶太教還禁止吃動物的血，在加工過程中通常要在肉上抹上鹽，目的是最大限度洗淨肉上的血。從過去直到現在，大多數猶太主婦都嚴格遵從這些誡律。

　　在一個正統的猶太家庭中甚至要準備兩套餐具，一套是製作和盛放肉類食物的，一套是製作和盛放奶製品和其他非肉類食品的，因為按教法規定肉類和奶製品是不能混在一起食用的。

　　並不是所有的人都嚴格遵守這一飲食誡律(Kashrut，可食或不可食之物)。改革派拒絕全部接受這些誡律，他們強調猶太教的本質在於它的倫理而不是飲食(原則上正統派也同意這一觀點，但他們不同意以此為理由拒絕接受飲食禁誡)。有些人除豬肉外幾乎吃所有的食物；還有一些人不吃「可食」所禁食的肉，但對其他禁誡卻加以忽視；有些人在家中嚴格遵守「可食」，而出門在外時卻放棄這些誡律；有些人不吃「可食」所禁止的肉類，但他們卻不在乎麵包和

糖果中可能含有的不可食的脂肪和添加劑；還有極少數人嚴格限制飲酒和食用奶酪，即使這些食物中不包含「可食」所禁食物；還有一些極端保守者，他們只接受那些在拉比監督下準備的食物，除此之外，他們不接受任何其他食物。

風俗、家庭、社會關係和個人的性格使每個人自己對飲食禁誡範圍的認識不同。如果你邀請或被邀請，最好彼此說明各自的飲食禁誡；如果不知道，最好彼此詢問，以防止出現誤解。

婚姻和性關係

《聖經》和《塔木德》都允許「一夫多妻制」(polygamy)，但在塔木德時代，這一制度已不再普遍實行了。大約在一千年的西歐，法國梅斯的大拉比格爾紹姆(Gershom of Mainz)頒佈一條禁令：任何一個男子如果娶一個以上的妻子，將被革除教門，但在某些受限制的環境下除外。這一禁令很快被大多數基督教國家的猶太人所接受。但在伊斯蘭國家這一禁令沒有被廣泛接受，因為《塔木德》和《古蘭經》都允許男子娶四個妻子並規定丈夫必須要有能力滿足他的妻子們的性要求並提供給她們經濟上的需求。

婚姻以外的性關係是被禁止的；我們不清楚納妾制(concubinage)何時被廢止，但有一點卻是事實，即：被禁止的事情決不意味着這類事情再也不會發生。

11　一對也門猶太新婚夫妻家庭價值觀的不斷弱化會使人類漸漸滑向危險的邊緣，那時人們之間彼此會變得陌生、孤獨和冷漠。© Werner Braun, Jerusalem

現在，在西歐的猶太社區，同居是很普遍、很常見的事情，當然，猶太社區也存在通姦和私通等問題。傳統準則同當代人的實踐之間存在差異，這種差異的存在，主要是因為當代人的生活方式及他們對性的認識同傳統觀念相比發生了巨大變化。聖經和拉比法規定對同性戀者處以嚴懲，而今天的猶太社區已不再阻止建立「同性戀俱樂部」，甚至允許建立同性戀會堂。

然而，對守法的少數者婚內的性生活也有一些規定，這些規定和限制是以合乎禮儀和保護配偶中不情願的一方為目的。主要限制是禁止丈夫同月經期的妻子過性生活；當妻子的經期結束以後，經期的恢復狀態還要持續七天，直到妻子在用於禮儀潔身浴室中（*Mikveh*）完全淨身。「淨身」（Immersion in the *Mikveh*）是一種潔身的儀式。這一儀式也在其他人中間使用，拉比在進入聖殿進行祈禱之前必須要行淨身禮，猶太人收養的孩子皈依猶太教也要行淨身禮。基督教的洗禮（Baptism）僅僅是希伯來語「洗禮」（tevila）的希臘語翻譯。

婚姻關係是一種互愛、互尊、互相支持的關係，只有這樣的婚姻才能擁有是永久和牢固的基礎。依據希伯來聖經，拉比猶太教是允許離婚的，儘管允許離婚的條件存在許多爭議。婚姻一旦得到猶太法的承認，婚姻的解除也必須要經過猶太法的認可。猶太法規定離婚的夫妻雙方必須要一起當面向拉比遞交一份離婚協議書。儘管猶太教允許離婚，許多正統派的婦

女卻經常遭受(離婚)請求的痛苦，因為很少人能夠強迫她的丈夫認可一份離婚協議書，如果她的丈夫不願離婚的話。這樣，拉比法庭就不會很輕率地解除他們的婚姻。最近，在不同的國家(拉比們)利用和採納了各種有效的立法程序，使情況已有了很大的改善。

大多數傳統的社區都十分強調家庭的重要性，畢竟，家庭是表達和傳播傳統價值最好的場所，猶太教也不例外，儘管在西方的民主政體下，猶太家庭也同其他社區的家庭一樣，已經被迫屈從於家庭破裂的壓力，家庭已不再像過去那樣牢固。

早在兩千五百年之前，《申命記·以賽亞書》(Deutero-Isaiah)已經預言了人類的這一危險：

忠誠上帝的外鄉人一定不會說，
「上帝將使我與他的子民永遠分離」；
一個被閹割的人一定不會說，
「我只不過是一棵枯樹而已。」
上帝會說：
閹人也要過我的安息日，
他選擇了我的意願就要為我的契約而齋誡。
他將從我這裏得到比兒女更寶貴的東西。
我擁有永恆的紀念和不朽的名字，
我將賦予他們一個永恆的名字，
一個不朽的名字。(《以賽亞書》56:2–5)

像以賽亞所希望的那樣，讓陌生人、孤獨者和不與人交往者彼此能夠感到和諧和舒服，許多猶太社區還要走過漫長的路程。

人生的七個階段

莎士比亞談到人一生的「七個年齡段」——在保姆的懷中哭叫的嬰兒、抱怨的學生、戀人、士兵、法官、第六階段的人已變成羸弱和拖遝的傻老頭、最後階段人又「返老還童」只是健忘了。(見《皆大歡喜》第二幕第七場)

猶太社會學家現在認同一生的七個階段，這七個階段是根據猶太習俗來劃分。這七個階段既不同於莎士比亞的劃分也不完全依據猶太傳統所指明的人生階段，但這七個階段都將服務於我們本章的目的。

一、出生

男嬰在出生的第八天實施割禮(circumcision)——節日(feast)——作為一個古老傳統可上朔到猶太人的先祖亞伯拉罕時代。如果是頭生男嬰，在出生三十天時，還要舉行傳統的「贖罪」儀式。

女嬰沒有任何的傳統儀式，但也要作二件事：1.母親要到會堂參加感恩節的祈禱；2.尤其在改革派的會堂，嬰兒必須要抱到會堂接受拉比的祝福。

二、長大成人

自開始學習希伯來字母始，孩子就要面對諸多的選擇並要參加各種各樣的儀式。例如，孩子要吃用蜂蜜調製並烘烤的字母形蛋糕等。男孩長到十三歲時要參加成年禮（Barmitzvah），這是一種個人的儀式，儀式一般在猶太會堂舉行，並由家人正式邀請所有的親朋好友參加。在儀式上，受禮人當眾誦讀托拉，最後還要接受眾人的禮物和祝福。

女孩長到十二歲時舉行成年禮（Batmitzvah）。女子的成年禮僅限於改革派，其儀式同男孩的成年禮相似。正統派猶太女子只是在最近才公開舉行成年禮，通常是同一年齡的女子集體舉行成年禮，然後是每家為自己的女子舉行宴會。正統派一般來說更傾向於舉行堅振禮（Bat Chayil）而不是成年禮。舉行堅振禮的年齡相對要大一些，通常是在規定的學習科目圓滿完成以後舉行。自由派和改革派已經放棄了過去猶太教所偏愛的堅振禮而保留了男女的成年禮。

三、結婚

從猶太法的角度看，結婚儀式是由兩部分組成的。第一步是訂婚（*Kiddushin*），在證婚人面前，新郎把訂婚物（今天通常是戒指）戴在新娘的手上，並說「根據摩西和以色列的法律，以這隻戒指為憑證，你已和我訂婚」；新娘不說任何話，她只是默默地接受新郎

的請求。接下來，由拉比誦讀二遍祝福詞，然後新郎、新娘喝交杯酒。

第二步是舉行結婚儀式（*nisuin*）。新郎和新娘站在象徵他們新家庭的華蓋下面，拉比誦讀七次祝福詞，一對新人再喝一次交杯酒。一對新人受到祝福後，新郎用右腳把酒杯踢碎，表示即使在他們大喜的日子也不忘記耶路撒冷聖殿被毀的恥辱。最後，在證婚人面前，一對新人要獨處一段時間。

整個婚禮的儀式是平易和儉樸的，充滿了讚美詩和鮮花連同新娘的婚紗和晨裝，一雙新人由雙方父母領到華蓋下面，接下來便是演說、祝福、唱歌、跳舞和宴會——宴會，實際上要持續七天七夜。今天，哈西德派和極端正統派規定在整個婚禮過程中，兩性要分開。

改革派猶太人把新郎和新娘視為平等的一對，婚禮的儀式相對簡化，一對新人只需當拉比的面交換戒指並互相發誓，免除了婚後分居的規定，婚宴只在婚禮的當日舉行，不持續到夜晚。

正統派和改革派的婚俗差別很大，西方猶太人和東方猶太人的婚俗差異也很大。婚禮的音樂從舞曲到哈西德派音樂凱萊茲姆（Klezmer），從流行音樂到古典音樂；即使有些人非常懂得欣賞小提琴協奏曲，他們也會很平靜地迎合大多數人的口味。

四、為人父母

摩西、大衛王和哲學家柏拉圖都沒有掌握撫養孩子這門藝術。對「合格」父母的專門訓練是在社區中心的猶太會堂舉行的。儘管孩子也要進行教育和訓練，但必須要保證他們在愉悅的心情下長大成人。

五、中年

隨着人類對估計壽命，根據概率推算出來的認識和發展，社會學家開始重新對「中年」進行歸類，作為人生發展的特殊階段，中年是充滿危機的——或者說衰變。人們已經為步入中年設計了比較恰當的儀式。

六、老年期

最終理想是通過一生的經歷獲得豐富的智慧，從那些仍然在為經歷人生前幾個階段而奮鬥的未成熟的人們那裏得到尊敬和景仰。這一理想對男人和女人都是同樣適用。有時這一理想會實現，然而，現實經常是不盡人意，現實更近似於莎士比亞的話，人步入「第二童年期」，變得越來越健忘，沒有了牙齒、沒有了口味、沒有了任何東西。

七、死亡

正統派猶太人只有土葬；改革派則有土葬和火葬。死者最親近的人(配偶、父母、同胞、子女)因悲傷要撕破外面的衣服，丟掉鞋子並坐在家中的地上或

矮凳上，朋友們來拜望和安慰死者的親屬，拉比們整日為死者祈禱，這叫「坐沙瓦」（sit shiva）。儘管shiva的意思是七，表明喪禮要持續七天，不太嚴格遵從這一習俗的人，悼念活動只持續一個晚上。除家人外，其他人，主要是親戚朋友要關照悼念者的物質需要，例如，為他們準備好的食物。

喪禮以後，紀念死者的活動還要持續三十天，兒女要為父母哀掉十二個月。此後，每年要為死者定期舉行紀念活動，稱為「伽哈茲特」（Jahrzeit）。在死者去世後的頭十一個月和每年的「伽哈茲特」紀念日，家人要在會堂為死者誦讀「卡迪什」（kaddish，不是一種「悼念祈禱文」，而是對上帝的讚頌詞）。

改革派和正統派的教義都相信死後復生。在過去，關於死後復生存在的分歧很大，人的復生是形體的復生還是「心靈」（soul）的永生？今天，分歧依然存在，但人們已把復生或永生的意義擴大了，人們往往用「永生」來比喻某個人死後，其聲望和影響依然存在。

第七章
走出隔都，融入主流社會

在前幾章我們已經涉及到猶太教的不同派別（denomination），如正統派和改革派，猶太教不喜歡被稱為教派（sect）。為什麼會存在這樣的劃分？這些派別是怎樣產生的？是否有一個真正純潔和具有權威性的派別，在幾個千禧年之前，它曾在西奈山接受摩西的誡律？要回答這些問題，我們必須要回到歷史，以歷史的眼光來考察、分析問題。

不幸的是我們再也不能回到由摩西接受並傳下去的「純潔和具有權威性的托拉」時代。猶太教傳統和基督教傳統都相信曾有一個純潔教派，而猶太教傳統則確信通過拉比會把猶太教的真諦保持下去。最終，這是一個信仰問題。現在，已沒有任何人能夠再建立起摩西時代的《托拉》那樣具有神聖權威的經文；任何歷史學家都不能確切的告訴我們在什麼年代，一個團結和堅如磐石猶太教作為一種真實的宗教被全體猶太人毫無懷疑地接受和信仰。在本書的第二章我們已經了解到：當我們去探究猶太教和基督教分裂的原因時，我們會知道，甚至在一世紀時，猶太教同時存在

幾種形式，而每個都自稱是真實托拉的擁有者，當輪到基督教時，他們也聲稱耶穌是托拉的實踐者，基督徒是「真正的以色列人」。

中世紀是什麼？中世紀是一個「信仰的時代」，在這個時代人們堅信同一個信仰、遵從同一個權威嗎？對中世紀的這種認識是天真的。中世紀實際上是一個充滿權威和壓迫的社會；如果你的觀點同當權者相左，那你最好保持沉默；如果你不能保持沉默，那你就得小心；你所表達的觀點最好用神秘的語言加以掩飾並借助於「一個真正隱藏的傳統」（Hermetic Tradition）。公眾所認同的許多東西，其深層往往隱含着許多疑問。在中世紀，猶太教內部產生和發展的惟一教派 —— 卡拉派(the Karaites，無需説，卡拉派認為「拉比法學派」〔Rabbanites〕僅僅是猶太教的一個教派，只有自己的宗教信條才是真實的，是猶太教的起源)。通過事後的認識，我們現在能夠辨明，這個異端派留下的許多足跡説明：卡拉派並沒有真正獲得一個發表自己觀點的機會。

在西方基督教世界(Christendom)，羅馬教會進行精神統治並情願使用「世俗的軍隊」 —— 也就是説，世俗的權威和軍隊是用來鞏固和加強人們對基督教的信條和實踐的遵從。教會先判定「異端」，然後便用世俗力量進行嚴厲鎮壓。最典型的例子是教皇英諾森三世(Pope Innocent III)派十字軍遠征，野蠻鎮壓阿爾比

派（the Albigenses）並使法國南部變成一片荒涼。*

　　猶太人沒有自己的教皇，也沒有自己的軍隊，毫無例外，對於殘酷的體懲和外部世界長期以來的習俗所形成的偏見，猶太人毫無救助。基督教世界把猶太人宣判為宗教「異端」，對此，猶太人缺乏足夠的警惕。教會領袖實施他們的權力不僅通過肉體的壓迫而且通過單方面宣佈在三十天內重新恢復已被禁止的「革除教籍」（excommunication）的特權。在過去，「革除教籍」必須確保在民法、刑事法及宗教法三方共同作用下才能生效。宣佈革除猶太人教籍，對猶太人的社會經濟生活帶來嚴重後果，因為被革除教籍的猶太人同時也被從社區內驅逐，他們不屬於任何地方，這使他們失去了生計，也失去了社會地位。

　　隨着隔都圍牆的倒塌**，教會對猶太人的限制（或壓迫）體系也隨之瓦解。早在18世紀中葉，猶太人中的有識之士就已經開始接受民權思想，這使猶太拉比在社區內的權利開始受到挑戰，傳統的長輩和拉比已失去對猶太民眾生活方式的控制權，異議和不同觀點

---

* 阿爾比派是法國南部天主教的一個異端派，12世紀到13世紀是該派的興盛時期。

** 14世紀歐洲各國的統治者開始對猶太人實施強制隔離的做法，15世紀強制隔離做法已遍布整個歐洲；1555年，教皇保羅四世發布命令，宣佈在羅馬和羅馬教皇統治的國家內限制猶太人居住的範圍，建立猶太隔都（ghetto）並用高牆圍住。18世紀末對隔都的嚴格管制開始放鬆，到19世紀中葉，西歐和東歐的猶太隔都已基本上被廢止。

已不再遭到壓制。猶太人很快已接受了啟蒙思想，開始認同民權自由、寬容和個人主義，並把蔑視「迷信主義」(Superstition)作為一種時尚。許多猶太人已認識到：傳統的猶太社區以及它的許多教條都屬於蒙昧主義，是過時的和迷信的東西。

摩西‧門德爾松終生都是一個虔誠的猶太教徒，他激進地對猶太教進行重新解釋，使之同啟蒙運動的觀點相一致。許多猶太人，包括摩西‧門德爾松的孫子、著名作曲家費利斯‧門德爾松(Felix Mendelssohn)，出生後接受了洗禮，他的父母也曾接受過洗禮。他們接受洗禮並不是因為他們確信基督教是更真實、更具優越性的宗教，正像也接受過洗禮的猶太詩人海涅(Heinrich Heine)所說，那是因為接受洗禮是猶太人通向「文明」和文化社會的門票。

猶太人如何在基督教社會生存和發展，關於這一問題，在18世紀末的西歐，尤其是德國和法國，猶太人基本上持三種觀點。第一種觀點主張猶太人同基督教完全同化，同化方式就是接受洗禮，放棄猶太認同。第二種觀點是退縮，保持他們傳統不變的模式，拒絕接受啟蒙運動，儘管這將使猶太社區內部的異化更加擴大，儘管這將使他們失去不易獲得的公民權。第三種觀點認為：要使猶太教存在和發展下去，仍然存在一種可能性是對猶太教自身必須要進行改革，清除其迷信和過時的成分(畢竟當時的基督教內部也在試

圖如此行事），只有這樣，猶太教才能被社會接受並不放棄猶太認同。猶太教改革派正是源自第三種觀點。一開始，改革派的目的並不是要發動一場分裂運動，當他們的改革觀點遭到正統派拒絕和反對時，改革運動作為一場突出的運動才誕生，那些自我標榜為正統派的猶太人屬於反對激進改革的一派。

猶太教改革派

19世紀早期，德國的改革派試圖通過加強公共信仰的美麗和貼切來重振公共信仰，他們廢止了一些過時的東西，引進了本國語的祈禱詞，並允許在每周一次的布道中使用本國語，還在會堂中引進為了唱詩班和管風琴音樂並採納新的禮儀，例如，堅振禮（Confirmation）。法國佔領威斯特伐利亞（Westphalia）為雅各布森創建第一座改革派會堂創造了機會。1810年，改革派人士雅各布森（Isreal Jacobson 1768–1828）在威斯特伐利亞的塞森（Seesen）按改革派的原則，創建首座改革派會堂（Temple）。不久，這座改革派會堂被法國政府強行收回，雅各布森被迫在自己家中舉行一周一次的改革派祈禱。雅各布森的這一行為遭到柏林正統派的強烈反對，最後被迫停止。改革派的第一座永久性會堂於1818年建於德國的漢堡（Hamburg）[*]。

---

[*] 漢堡會堂的創建者是以克萊（Eduard Kley）為首的一些未經拉比授任的生意人。1819年，漢堡會堂頒佈一本新的祈禱書，書中改寫了一些被

喧嚷不停地正統派反對漢堡改革派的爭論開始出現並很快導致表面化，這種爭議是神學上的分歧，而對祈禱儀式改革的不同態度成為神學分歧的基礎。在所有這些分歧中，正統派強調的首要原則是《塔木德》及拉比注釋對猶太教所具有的權威性。改革派起初還極力借助於傳統的權威來為自己辯護，但形勢的發展很快使他們認識到傳統的規範和猶太教信條不應該成為他們的限制，例如，他們放棄了為一個個人彌賽亞的降臨而祈禱。改革派採取批評的歷史主義方法來閱讀猶太教經典，包括《聖經》。

　　為了擺脫鬥爭，解決分歧，改革派在同正統派的辯論中逐漸發展和形成了一個神學概念，稱為「進化的啟示」（Progressive Revelation）。或許正像斯賓諾沙（Spinoza）曾經定義的，他認為：古老的聖經法(不是指猶太拉比法)是古希伯來的政治律法，它已不再適應現代社會的需要。新的倫理、道德和精神價值需要新的「啟示」。基督教沒有辦法來取代猶太教，因為猶太教從來就是一種「精神宗教」；即使在今天，猶太教都能向世人證明它的啟示是隨着時代的步伐一起發展和進步的。當改革派把「進步」和「進化」作為他們在19世紀的口號時，改革派得到人們進一步的理解。

　　改革派運動很快從德國發展到奧地利、匈牙利、

認為同忠實於普遍的理性和將德國視為祖國的觀念不相一致的傳統祈禱文。這一做法引起德國正統派權威拉比的反對。

法國、丹麥和英國。1840年1月27日，英國的西倫敦猶太會堂(the West London Synagogue，今天，該會堂是猶太教改革派繁榮的中心)舉行落成儀式，儘管西倫敦猶太會堂的創建者並沒有明確目的要發動一場具有鮮明改革派特色的運動。1824年在美國南卡羅來那州的查理斯頓(Charleston)已建立起「以色列人改革社團」(Reformed Society of Isrealites)，該社團不僅宣佈對祈禱儀式進行改革而且採納邁蒙尼德的「十三條信仰原則」(the Thirteen Principles of the Faith，參見附錄A)，並廢除期待彌塞亞降臨和死後復生兩個信條(憤世嫉俗者把「十三條信仰原則」同被猶太人正式接受的摩西「十誡」相比較，排除了同「十誡」不協調的兩個信條)。19世紀末，猶太教改革派在美國的猶太民族中已變得十分強大，其領導人是懷斯(Issac M. Wise)。1875年改革派在辛辛那提建立美國第一所改革派拉比學院——希伯來聯盟學院(Hebrew Union College)，今天，該學院依然是改革派的精神家園。改革派的經典論述是1869年的「費城宣言」(Platform's of Philadelphia，見附錄B全文)和1885年的「匹茲堡宣言」(Pittsburg)，它們代表了美國改革派所取得的巨大成就。

19世紀改革派的主要理想是：社會和文化更接近啟蒙運動的普世主義觀點，全人類，包括猶太人，將不斷超越現實，經歷「救世」的歷程。不僅一種

新的˙、帶有世俗主義和種族色彩的反猶主義(anti-Semitism)已經在歐洲扎根，而且甚至一些開明的、持自由觀點的基督教神學家也堅持把《福音書》和《摩西五誡》(Gospel and Law)、《新約》和《舊約》、人類同上帝的精神交融關係和人類同上帝的契約關係等加以對比，並通過這種對比來支持這樣一種觀點基督教已經正在取代猶太教。面對基督教世界的新一輪攻擊，猶太教改革派也作出了回應。猶太教改革派非常強調猶太教的倫理和精神尺度，對此，19世紀德國著名的猶太哲學家柯恩(Hermann Cohen)作了清楚的解釋，柯恩認為：猶太教是「倫理一神教」(ethical monotheism)，把救世的觀念發展為對神聖上帝的不斷回應，它使人類對提高倫理道德擔負起永無止境的責任；救世主義能夠對我們的社會作出不斷發展的評價。在他晚年的著作中，他重新恢復了安息日及其他一些宗教習俗以及以色列人特殊使命重要意義。

由於改革派強調「普世」(Universalism)觀和與「東道主」國家的主流文化相適應，因此，改革派一開始不同情，甚至憎恨「猶太復國主義運動」(the Zionist Movement)；然而，在啟蒙運動的發源地歐洲，當普世主義的理想被民族主義者的衝突所侵蝕，當某些人仍然固守反猶主義，特別是在德國和其他一些國家還出現了「法西斯主義」(Fascism)，這使改革派的

* 同中世紀的反猶思潮(anti-Judaism)相比較而言。

觀點受到嚴重衝擊，甚至在以色列建國之前，改革派就改變了對猶太復國主義的態度。1937年改革派發表「哥倫布宣言」（the Colombus Platform）。同早期改革派發表的聲明相比，該宣言力圖在猶太教的普世主義和特殊主義（Particularist）之間顯示比以往涵蓋範圍更廣的一個平衡點並對「恢復巴勒斯坦國」作出承諾。

1976年改革派發表「舊金山宣言」（the San Francisco Platform），該宣言反映了納粹屠猶（Holocaust）對猶太人的衝擊以及猶太人建立以色列國家的強烈願望。在本宣言中，人類的進步似乎少了一些信仰的色彩，上帝在這裏似乎也變得不再那樣清晰；這裏，充滿了對家庭生活、宗教儀式和猶太人在巴勒斯坦土地上生活的更偉大的禮讚；不久，「契約神學」（convenant thology）的思想也在改革派圈內誕生。

祈禱始終是改革派所關注的焦點。對納粹屠猶的反思、以色列國家的建立和發展民族語言的要求，這一系列事件深深影響了改革派的祈禱內容，並表現在改革派最近出版的一些祈禱書中。今天，希伯來語在祈禱中已重新贏得主導地位，現代心理學和人類學又重新恢復了對宗教儀式和猶太種族的尊崇和關注。

改革派對祈禱儀式進行了許多改革，這些改革大多數都十分有利於婦女。1818年漢堡會堂在婦女前面已不再有隔檔，然而會堂只允許她們坐在樓座（balcony）以同男士分坐並且不允許她們當眾誦讀托

拉。進入20世紀，婦女解放運動向前邁出了巨大步伐。一位名叫鍾納絲(Regina Jonas)的德國猶太婦女在猶太歷史上首次獲得聖職任命，在納粹屠猶的殉難之前她曾擔任拉比；1935年10月27日，由大拉比麥斯·迪那曼(Max Dienemann)任命，她在「德國自由拉比聯盟」(the Union of Liberal Rabbis)任職。儘管在20世紀50年代後期，「美國拉比會議中心」(the Central Conference of American Rabbis)曾效仿基督教新教教派的作法，允許任命女拉比，但直到1972年，薩利·普利桑德(Sally Priesand)才成為美國歷史上第一位獲得辛辛那提「希伯來聯盟學院」任命的女拉比。

今天，改革派猶太教，尤其是在美國，已經使傳統的猶太法降到個人法的位置。許多改革派拉比準備在「混合婚姻」中發揮自己應有的作用。所謂混合婚姻是指配偶雙方中只有一方是猶太人。1983年「美國拉比會議中心」(簡稱CCAR)宣佈：父母雙方只要有一方是猶太人(不僅僅限於母親)，那麼根據猶太法規，他們的孩子應該是猶太人，這一大膽嘗試使兩性關係更趨於平等。英國改革派的自由運動同CCAR的方向是一致的。進入20世紀90年代，關於如何評價猶太人「可選擇的生活方式」，改革派內部分歧很大，許多人甚至贊同同性戀者「結婚」。

在美國，改革派佔美國猶太人總數的35%；英國猶太會堂歸順改革派的約佔15%；在其他國家，包括

12　美國現代改革派猶太會堂 —— 美國賓夕法尼亞埃利肯斯（Elkins）廣場的比斯・莎魯姆會堂（Beth Shalom）。由（Frank Llody Wright）設計。美國改革派猶太人稱會堂為Temple而不是Synagogue。© The Frank Lloyd Wright Foundation

前蘇聯，改革派的數量要相對少一些。在以色列，猶太教改革派沒有得到法律上的承認，改革派的婚姻和改宗都得不到政府的承認。

在很多場合，人們往往會把「自由派」（Liberal）同改革派相互替換使用，但英國的自由派代表着1909年由蒙特高（Lily Montagu）和蒙特費羅（Clande Montefiore）發起和創建的自由派運動，它同改革派的主要區別是自由派更接近猶太教的傳統和禮儀；英國的改革派則更接近美國的保守派。

正統派猶太教

「正統派」（Orthodox）一詞在1807年首次使用，德國的改革派使用這個詞來指他們的對手傳統主義者。但這一詞卻很難給出一個恰當的定義，只能說它涵蓋了所有形式的傳統的猶太教；當改革派和保守派先後建立各自的組織並頒佈特殊的綱領以某種方式對傳統的猶太教展開批判的時候，傳統的猶太教被拋在了後面，這是否可以成為對「正統派」一詞的一般性解釋？

當然，當代正統派猶太教包含了各種各樣的思潮。例如，正統派包括派別眾多的哈西德派，儘管哈西德主義在它產生的時代被認為是「異端」和「改革主義」；哈西德主義提倡神秘的中介，主張在神、人交互中得到信仰的喜悅。正統派還包括眾多的哈西德主義的反對派（mitnagdim），哈西德主義的反對派對立

陶宛塔木德學院派 (yeshivot, Talmudic Colleges) 影響最為深遠，該派強調加強研讀塔木德經文中猶太律法及其他拉比文學的價值。

正統派中也有「現代」和「溫和」之分。正統派中的現代派與溫和派試圖在猶太傳統、當代文明及地域文化之間作一些調和，使猶太教更適應當代社會。像德國的著名拉比參孫·拉斐爾·希爾施 (Samson Raphael Hirsch, 1808–1888) 和立陶宛拉比以色列·撒蘭特 (Israel Salanter, 1810–1883) 就是其中的代表。希爾施提出「用本土文化來解釋托拉」的概念 (Torah with the way of the Land)。作為「倫理運動」(Musar Movement) 的創始人，撒蘭特特別地致力於強調個人的倫理和精神自律，在他任耶希瓦學院 (Yeshiva) 校長 (mashgiah ruhani) 時具體體現了他的這一主張，作為校長他的任務就是要鼓勵學生展開自我批評並使他們的精神境界不斷提高。

因此，正統派猶太教在實踐中帶有各種各樣的「地域」色彩，而沒有通過極端手段使猶太教的構建形成固定模式。阿什肯那茲 (Ashkenazi，以德國為主，主要指歐洲北部) 猶太人和塞法迪克 (Sephardi，以西班牙為主，主要指南歐、北非和中東) 猶太人有他們各自不同的文化習俗，這種差異主要是根植於各地文化的不同，而習俗的不同構成了當代正統派的主要特點。由於文化習俗的差異偶爾也會產生一些誤會和摩擦，

例如在以色列，塞法迪克猶太人的領袖們常常抱怨阿什肯那茲猶太人比他們更有特權接近政府官員，但這種分歧很顯然是一種文化差異而非宗教差異。

儘管正統派內部存在種種分歧，正統派的領袖們還是試圖對正統派作出一個明確的界定，或者說哪些派別可以被稱為「可信的」和「真實托拉」的猶太教。一種界定方法是強調猶太律法(halakha)為最具約束力的法律，另一種方法強調：堅信西奈山的神聖啟示(Torah min ha-Shamayim)，則屬正統派的範疇。其實，經過仔細分析我們會發現，這兩種界定方法存在的問題很多，主要的問題是，首先如果按猶太教的教條來界定猶太教，這本身已經背離了猶太教的傳統，即使有這樣的先例可援，例如，在邁蒙尼德的著作中。而且不幸的是，教條本身還需要根據當代學者的觀點重新加以闡述；如果按純粹的中世紀思維方式來理解這些教條，那麼，那些自稱為正統派的猶太人中的大多數將會拒絕接受這樣的解釋；但是如果按其他方式來解釋這些信條，一些所謂非正統派的猶太人也會聲稱他們的信仰是正統派信仰。

因此，最明智的辦法是不要去作任何試圖界定正統派的嘗試。我們可以把那些自稱為正統派的組織簡單地列一個表，並注意每個組織中個體的數目，通過這種辦法，我們可以很靈活的來解釋他們的信仰。

在以色列，正統派是官方認可的惟一猶太教形

式，只有正統派拉比有權力對猶太人的婚姻進行調解並有權力確認猶太人的身份，儘管對非正統派婚姻的承認已取得了很大進展。從世界範圍來看，除北美外，成為猶太教一員的大多數人名義上都是屬於正統派，儘管從個人信仰角度來說，正統派的信仰已經在宗教信仰和宗教實踐上非常接近那些改革派。

像以色列正統派首席拉比、歐洲拉比會議(the Conference of European Rabbis)、美國拉比會議(the Rabbinical Council of American)以及其他一些類似的團體和組織，他們具有很大的活動能量和影響力，但他們沒有一個總體的共同行動綱領。因為依據猶太法所作出的種種決定受到「托拉的編纂者和注釋者等諸多猶太先賢」(Torah sages)的強烈影響，而當代的正統派人士對那些猶太先賢有各自不同的研究和偏愛，因此，世界各地的正統派組織要想達成一個共識是非常困難的，但時代要求他們在諸多方面作出回答，這些方麵包括：宗教的祈禱儀式、為捍衛猶太教所進行的戰鬥及和平努力、醫療道德、民事糾紛、婦女地位等。儘管正統派各組織之間存在的分歧很多，但有一點他們是共同的，即都相信這樣一個命題：托拉律法是神聖的起源，它具有永無謬性，關於這一命題，歷代的猶太先賢作了各自不同的闡述。(見第九章的例子)

保守派猶太教

如果說德國的弗蘭克爾(Zacharist Frankel, 1801–1875)是保守派猶太教的思想之父,那麼,謝克特(Solomon Checheter 1850–1915)則在美國舉行的一次關於猶太神學的學術會議上發起了猶太教保守派運動。同正統派一樣,保守派承認猶太律法的中心地位,但同正統派相比,保守派更積極主張根據不同的社會和經濟情況來調整猶太法的改革;保守派堅持認為:猶太教在同周圍文化進行積極交流和接觸的同時,還必須要在最關鍵的時刻堅持猶太教最本質的民族精神實質。對聖經及其他一些重要的宗教文獻,保守派採取了現代歷史批評主義的態度。

1983年保守派以多數票通過婦女有任命聖職的權利,但對這一決定,保守派的一些拉比們卻認為,婦女擔任聖職違背了猶太律法的限制,一旦允許婦女擔任聖職,保守派將會永遠脫離作為「猶太教傳統派聯盟」(the Union for Traditional Judaism)的一員。

在美國,猶太教保守派的力量最強大,是最大的猶太教派別,在以色列和英國,人們用希伯來語稱保守派為「瑪紹特」(Masorti),保守派只是在最近幾年才在這些國家發展起來,但卻吸引了眾多的信徒。儘管在北美保守派佔猶太新教人數的三分之一,但在其他地區,保守派卻遭到抵制。

猶太教重建主義

猶太教重建主義是建立在哲學家卡普蘭(Mordecai M. Kaplan, 1881–1983)的哲學基礎之上的，而最終對重建主義起推動作用的是1968年創建的「重建主義拉比學院」。重建主義的基本主張是：根據當今的思潮和社會情況來重新定義猶太教，包括猶太教的一些基本概念，像上帝、人民、托拉和一些習俗(機構)，例如猶太會堂等。重建主義的運作是通過共同參與的「沙瓦」(*Chavura*，論壇)，在這裏，拉比只是一個富有智慧的人而不是一個領導者，人們通過一致的意見達成協議。重建主義運動自發起之日起，婦女就被理所當然地視為同男子具有平等的地位；1968年以來重建主義便認為，一個人只要其父母雙方中的任何一方是猶太人，那麼他(她)就應被猶太社區視為猶太人。儘管在美國和以色列重建主義的組織現在還不多，但其思想對其他教派的影響卻是有力地和深遠地。

第八章
20世紀的猶太教

進入20世紀後，幾乎所有的宗教都受到不同程度的衝擊。科學的發現和歷史批評主義不斷對神聖教條的真理與可靠性提出問題；西方世俗政府的發展，也在不斷削弱宗教領袖的力量。人們的價值觀也在發生變化，人們已不再看重人種、膚色、性別和宗教的差異，而把追求平等和廣泛的人權看作至關重要。追求正確的信條被認為既不重要也毫無意義；人們按自己的方式來追求個人自由，個人自由即使是在兩性關係方面也在不傷害他人的前提下被逐步認可了。

大多數人放棄了有組織的宗教生活。一部分人是因為他們發現宗教經不起科學的推敲；還有一部分人發現宗教生活使他們的情感得不到滿足；而更多的人則是因為宗教生活使他們的個人自由受到了限制，而他們把個人自由看作是最基本的人權。

如果說西方的基督教受到了最大衝擊，那麼西方猶太教所受到的衝擊僅次於基督教，因為孕育了現代主義和啟蒙運動的土地是西方基督教徒和猶太教徒的共同家園。

與此同時，與一個世紀前人們所堅信的人文主義（humanist）相比，宗教似乎具有更強的韌性和持久性。例如在前蘇聯的社會主義時期，七十年的無神論宣傳和對宗教的蔑視並沒有徹底消除人們的宗教感情。在猶太教世界，哈西德教派在地位上的變化是廣為人知的；在20世紀上半葉，作為正統派的主流教派，哈西德派同正統派的其他派別一樣迅速瓦解。然而，進入20世紀下半葉，哈西德派又開始復興並很快對正統派的其他教派產生影響。巴力・太沙瓦運動（*baal teshuva* Movement）使人們發現了猶太教發展的「根」，猶太教因此又獲得了「新生」並獲得了發展的動力。

　　同其他宗教一樣，猶太教也被迫屈從於某些壓力。這些壓力主要來自科學知識、社會和道德，並被迫採取同其他宗教一樣的措施。然而，在20世紀的兩大事件中，猶太人發現他們處在事件的中心和焦點，而這些事件又反過來對猶太人產生了獨一無二的影響。第一個事件是納粹屠猶——這是一次種族歧視和種族滅絕事件，從1933年到1944年，大約有六百萬中歐猶太人被殺。第二個事件是以色列國的成立。

　　在本章中，我們將簡單回顧四個方面並從這四個方面來探討猶太思想在20世紀的發展。

猶太復國主義、宗教和以色列國

　　猶太復國主義（Zionist）——指以色列人民返回以

色列土地的強烈願望 —— 顯然，猶太復國主義植根於聖經，一代又一代的先知在聖經中預言「巴比倫囚徒」將重返他們的故土。當英國控制「巴勒斯坦多國托管聯盟」（the League of Nations' Mandate Palestine）之時，為解決巴勒斯坦問題成立「皮爾委員會」*（the Peel Commission）；1937年大衛·本·古里安（David ben Gurian，1948年任以色列國首任總理）在他的證詞中曾向皮爾委員會的成員宣稱：「我們的聖經是不能被任何人托管的，但聖經卻是我們的代言人。」

以色列／巴勒斯坦

自70年羅馬人佔領耶路撒冷後，以色列／巴勒斯坦的政治歷史

聖經中規定以色列的邊界是約旦河兩岸的土地，但今天已不可能確認它的全部疆界。「巴勒斯坦」這一名稱也是指約旦河兩岸地區。現代以色列國家佔有聖經中所規定土地的九分之一；其他地區包括約旦、被佔領地區（現為巴勒斯坦人自治地區）、黎巴嫩和敘利亞的部分地區。

70–395年　　　　由羅馬人直接統治
395–638年　　　　拜占廷統治

---

* 巴勒斯坦多國托管聯盟於1936年成立皮爾委員會，負責調查巴勒斯坦問題並提出確保和平的方案。1937年皮爾委員會發表一份報告，建議在巴勒斯坦地區建立一個阿拉伯國家和一個猶太國家，即巴勒斯坦分治計劃。分治計劃遭到以大衛·本·古里安為首的部分猶太復國主義領導人的反對。

638–1072年	阿拉伯人統治
1072年	塞流柱統治
1099–1291年	十字軍入侵
1291–1516年	馬木路克統治
1517–1917年	奧斯曼・土耳其統治1920(22)–1948年 英國在多國聯盟的名義下實行委任統治
1947年8月29日	聯合國決定成立在政治上獨立但經濟上相互聯繫的分治國家——猶太國和阿拉伯國家。耶路撒冷及其郊區由聯合國實行托管。分治計劃得到猶太人的擁護但得到阿拉伯人的反對
1948年5月14日	以色列國宣佈獨立
1948年5月15日	英國的委任統治結束，阿拉伯五國聯軍同以色列宣戰。中東戰爭開始
1956年	蘇伊士戰爭
1967年6日	戰爭，埃及阻止以色列進駐紅海。以色列反擊阿拉伯數國聯軍，以色列佔領耶路撒冷、西奈、西岸地區、加沙和敘利亞的戈蘭高地
1969–70年	反擊以色列的「消耗戰爭」
1973年10月	第五次阿以戰爭(或贖罪日戰爭)
1979年3月26日	在華盛頓簽署埃－以和平協議即戴維營和平協議。
1982年4月	西奈正式歸還埃及
1982年6月	以色列攻擊巴勒斯坦解放組織(PLO)在黎巴嫩的基地並在黎南部建立永久性「安全地帶」。
1987年10月	約旦河西岸和加沙地區爆發巴勒斯坦人反對以色列統治的起義

1993年	以色列和巴勒斯坦在奧斯陸(Oslo)簽約，承認巴勒斯坦人自治
1994年10月	以色列和約旦簽署和平協議
1995年10月	以色列和巴勒斯坦簽署第二輪奧斯陸協議(Interim Accord Oslo II)

　　大衛·本·古里安儘管對聖經充滿了熱愛，卻是一個世俗的猶太復國主義者。對當代政治的猶太復國主義，猶太神學家在他們的論述中充滿了矛盾的心理。這其中的許多人，像宗教學者埃沃·庫克(Rav Kook或Abraham Isaac Kook, 1865–1935，是現代巴勒斯坦第一位首席拉比)已經成為政治猶太復國主義的主要締造者；猶太神學家們認為，現代以色列的建立是為了實現聖經中先知的意願，至少是在開始實現先知的意願。還有一些宗教學者，像哈西德派人士所特瑪(Sotmar)則認為：現代以色列國的建立必須按照彌塞亞救世的意願，國家的管理必須依據「真實」的托拉律法；只有這樣，才能實現聖經中先知的意願。但是，現代以色列國家是不可能按照宗教學者的尺度和標準來進行運作和管理的。

　　大多數猶太人，包括一些世俗人士，認為建立以色列國是為了實現猶太人擁有自己「國家」的渴望和夢想。幾千年來猶太人客居他鄉，處在少數民族的地位，被迫遠離宗主國的主流社會不能獲得居住國完全

的公民權。猶太人強烈地感受到只有「回到自己家園」，建立自己的主權國家，才能夠完全把握自己的命運。那些歷盡苦難的猶太人把以色列國看作是「人間天堂」，如果在納粹屠猶期間，以色列國已經存在，那麼猶太人就不會遭受如此悲慘的命運。而且，以色列作為一個主權國家，將會努力使那些處於少數民族地位的猶太人擺脫被壓制和歧視的命運，並為他們提供一個完全按猶太生活方式生活的機會。

猶太教在以色列國家的法律地位現狀

以色列的立法體系以世俗主義為基本準則，並繼承了英國托管時期的立法體系。今天，以色列國家沒有成文憲法，政教關係是以猶太教在以色列國家的法律地位現狀為基礎。關於以色列國家的政教關係，以法律現狀為基礎，其規定由四部分組成：

1. 猶太教的安息日和其他節日是國家法定的公共節日。

2. 猶太教所規定的「可食之物」(Kosher food)應代表國家的公共習俗。

3. 關於個人地位(婚姻、離婚及財產繼承等諸多方面)聽從拉比法庭的裁決。對於非猶太人，個人地位由他們自己的宗教法庭或部落法庭來裁定。

4. 公立學校既開設世俗課程，也開設國家法律所承認的惟一教派猶太教正統派的宗教課程。其他宗教團體允許擁有自己的宗教院校。

1980年7月23日，以色列議會(the Knesset)頒佈一項法案規定：當法庭依據成文法、案例及類推法不能對某個案例進行裁決時，就必須依據以色列自由、公正、平等和以色列愛好和平的傳統進行裁決。

由於猶太人缺少一個政治上獨立的主權國家，在近兩千年的時間裏，幾乎包括了整個拉比猶太教時期，猶太神學家不得不去尋求居住國在「政教關係」（Church-State）諸方面出現的許多問題的答案，而這些問題在猶太教早期實踐中沒有出現過。

在當今以色列，人們對政教關係展開了廣泛地生動地爭論。

世俗政府將在多大程度上屈從於宗教？而民主立法又將在何種程度上限制宗教勢力？

繼續由宗教法庭來調解婚姻還是應該設立世俗的婚姻登記處？

制定什麼樣的宗教立法才能使所有的宗教和派別，包括猶太教、宗教少數派及所謂的宗教「異端」感受到宗教立法的公正性？特別是，為什麼只有猶太教正統派拉比才有權調解婚姻，而改革派和保守派拉比，還有基督教和穆斯林的領導卻沒有這種權利？

對傳統的猶太律法所嚴格限制地一些行為，例如，墮胎、醫學實驗和人體解剖等，對此，我們今天應該如何評價？

怎樣同周邊不同信仰的國家建立持久的和平關係？

是否有正義戰爭？如果有，戰爭應該在什麼情況下進行？這些爭議的出現出自一個新奇的概念「純潔武器」（*tohar ha-nesheq*），這個概念特別地要求戰鬥中的

軍隊要採取特殊的冒險行為以避免傷害非戰鬥人員並使敵人的死傷率達到最小。

按何種方式，在什麼樣的條件下，一個國家應該為其他國家提供武器援助或提供救濟金？

是否所有的猶太人都應該生活在以色列的土地上？

以色列人，即使有些不是宗教信徒，也應該讀《聖經》和「拉比文學」並將這些作為他們人民歷史的一個部分。作為所有以色列人的共同遺產，聖經和拉比文學不僅沒有減少而是增加了世俗人士和宗教人士之間的分歧，因為他們對共同遺產的理解方式是完全不同的。消極派人士評論說，世俗主義者和宗教人士如果不是為了共同的軍事防禦目的他們不會走向聯合，國家會朝着完全相反的方向分裂，這一點我們無法確定，但出現緊張對峙局面將是毫無疑問的。

對納粹屠猶的神學反思

納粹屠猶的神學反思作為一個神學流派在20世紀70年代發展起來，但猶太人對待罪惡和苦難的態度，其基本思想則出自希伯來聖經，而且在猶太神學中這一基本思想已成為一個不間斷的主題。

示瑪祈禱原則(*Kiddush Hashem*，意思是「遵從上帝的聖名」)的基本思想是：當面對巨大壓力和苦難的時候，猶太人必須要時刻準備犧牲自己的生命，而絕不

13　猶太人被運往奧斯威辛集中營。德國人告訴這些猶太人，他們將被
送到一個「度假營地」，實際上，他們正在被運往歷史上最大和最慘無
人道的殺人工廠。這將是他們人生的最後旅程。© AKG, London

能同殺人者、性亂者和偶像崇拜者合作。顯然，面對納粹分子的暴行，在極端的壓力下，許多猶太人仍表現出極高的道德準則，嚴格遵守猶太法，拒絕同他們的敵人合作。他們用自己的行為、用自己的生命來表達對上帝、對自己信仰的忠貞不渝。也有一些猶太人面對死亡表現出對信仰的動搖，然而希特勒並沒有因此而對他們放生；在所有被屠殺的猶太人當中，並不是所有的人都是信仰的殉難者。

艾法蓮‧歐什瑞(Ephraim Oshry)拉比是納粹屠猶中的幸存者，當他被關押在立陶宛的科夫諾(Kovno, Lithuania)集中營時，猶太人帶着自己的疑問來找艾法蓮拉比，希望他給予解釋。艾法蓮拉比把人們的問題及他的回答寫在紙上，這紙是從一個水泥袋上偷偷撕下來的，最後，他把所有的文稿放在一個壇子裏。戰後，他把這些文稿公諸於世，文稿中記錄了「集中營的日常生活，人們吃的食物，擁擠的營房，破舊的鞋子，滿身的虱子，男人和女人的關係；所有這一切都包含在這些特殊的問題和答案中⋯⋯」

這些文稿的題目依次是：「猶太人被迫把托拉經卷撕成碎片」、「安息日為奴隸勞工誦讀托拉」、「為殉難者祝福」、「用洗禮證書自救」、「集中營內的避孕工具」、「懺悔」。下面我們用文稿中一個簡短的問題和答案作為例子，通過這個例子我們可以清楚地看到：傳統的猶太律法在猶太集中營中曾給予

那些活着或已經死去的猶太人多麼神聖的意義。

在文稿中有這樣一段話：「我們科夫諾集中營的猶太人……，我們被德國人像奴隸一樣驅使；我們被迫日夜工作而得不到休息；被迫挨餓而得不到任何報酬。德國人宣佈要將猶太人全部消滅，我們完全失去了對命運的把握，大多數人將會被殺死。」接下來是猶太難民向拉比提出的問題：「如果再按猶太習俗在每日的早禱中讚美上帝『把我們從奴隸的地位拯救出來』是否還恰當？」艾法蓮回答說：「關於祈禱的最早戒律告訴我們：讚美上帝不是因為上帝給予了我們肉體的自由，而在於上帝賦予了我們精神上的自由。因此，在任何環境下，我們都不能停止對上帝的讚美。相反，儘管現在我們的肉體受到禁錮，我們卻要比以往任何時候更虔誠的讚美上帝，並以此向我們的敵人顯示：作為人我們的精神是自由的，是任何暴行都不能禁錮的。」

對猶太人所遭受的巨大苦難，傳統的解釋所依據的最有力的論據不是強烈的原罪意識，而是死後復生的猶太信條。死後復生的猶太信條，可解釋為肉體的復生，也可解釋為精神的永生或兩者的結合。這種解釋以正統派為主。還有一些猶太人由於受卡巴拉派的影響，採用「靈魂賦予新的肉體」（reincarnation）這一概念來解釋那些無辜兒童所遭受的苦難。也有一些猶太人認為：那些沒有信仰的以色列人同叛教者、主張

同化者以及猶太教改革派所描述的托拉立約，他們破壞了上帝同以色列人的真實約定，納粹屠猶正是上帝對這些人的懲罰。大多數人認為這種說法是對納粹屠猶中死去的或幸存下來的人們的一種污辱性說法。

「毫無疑問，我們必須要堅信上帝獨一，我們必須要懷着對上帝的愛來接受上帝對我們的懲罰……」匈牙利拉比沙米爾·達伍德·烏加爾（Shmuel David Ungar）的這段話準確的表達了那些懷着樸素信仰，口念猶太信條（邁蒙尼德所定的十三種信條）和示瑪（Shema，見《申命記》6:4–9，承認上帝獨一，宣誓對上帝的愛並遵從上帝的誡律）走進毒氣室的普通猶太人的心願。苦難使他們陷入迷惘，但他們的信仰最終戰勝了邪惡，按傳統的說法，他們準備為「上帝的聖名」（*Kiddush Hashem*）而獻身。即使在苦難最深重的時候，他們也沒有忘記表達對上帝的愛。

在納粹屠猶中殉難的一些正統派人士懷着一種強烈的意識：猶太民族所遭受的巨大苦難暗示着救世主彌塞亞即將來臨和隨後贖罪日的到來；隨着戰爭的結束和以色列的建國，這種意識在正統派中間變得愈來愈強烈。宗教錫安主義（Religions Zionists）認為納粹屠猶和以色列國家的最後建立是「彌塞亞降臨前的痛苦」。

「上帝特徵的隱匿」（God being *hidden* features）這一觀念在人們的思想中變得愈來愈強烈，或許因為

「上帝特徵的隱匿」這一觀點在神秘主義的卡巴拉派那兒得到了充分發展。「上帝特徵的隱匿」同「米德拉什」(the Midrash)，更同「舍金納」(the Shekhina)的上帝觀密切相連，猶太人被「驅逐」出以色列的土地，因為「上帝永遠與苦難中的人們同在」(《詩篇》91:15)。

維厄瑟爾(Elie Wiesel)是著名的猶太作家，也是一位非常平易近人的作家。在他的作品中，關於納粹屠猶的題材最為有名；他的故事是對納粹屠猶的「敘事體評論」。在他的作品《森林之門》(the Gates of the Forest)中，他提出一個尖銳的問題，「上帝在哪裏？」作者讓一個被納粹吊在絞刑架上的兒童來回答這個問題。在他的劇本《審判》(the Trial)中，表達了作者對上帝的憤慨，上帝被送上了審判台，然而在劇本的最後，當上帝被宣判有罪時，法官站起來說：「現在，讓我們向上帝祈禱。」

魯賓斯坦(Richard Rubenstein)也受驅使，否認傳統的上帝是「歷史的主宰」(Lord of history)的信仰，因為上帝沒有去拯救他的信仰者。儘管他拒絕了無神論(atheism)，但強調不管是基督徒還是猶太教徒都應該採納以異教徒或亞洲模式為基礎的非一神論宗教形式，並在充滿象徵主義的聖殿偶像中發現最深層次的精神源泉。

埃米爾・法根海姆(Emil Fackenheim)作為一個自由

納粹屠猶的事實

許多人更喜歡用希伯來語「破壞」（*Shoah*）來描述納粹滅絕猶太人種的暴行，因為「破壞」比納粹屠猶少了一些神學理論上的包袱。

1933年希特勒上台後，立即按他許諾地那樣制定了反猶太法，規定：任何人只要其祖父母的任何一方或雙方是猶太人，在人種上就被定為猶太人。猶太人寫的書被燒毀，猶太商店遭到德國人的聯合抵制，猶太人被從某些職位上趕走。1935年納粹制定了「紐倫堡法」，該法進一步加強了反猶力度，並很快把它推廣到奧地利和捷克斯洛伐克。1938年11月9日到10日，德國發生著名的「水晶之夜」事件，猶太會堂被毀，猶太商店被掠奪，成千上萬的猶太人被送往集中營。

隨着德國軍隊入侵波蘭，波蘭的猶太人被關進集中營，在那裏大量的猶太人被殺，其餘的人死於嚴酷的生活環境。1941年在(柏林)的萬塞，納粹決定對猶太人實行「最後的解決」（*Endlösung*），即從肉體上全面消滅猶太人。猶太集中營主要建在中歐的奧斯維辛、貝爾森和其他地方。歐洲各地的猶太人被押解到這些集中營，成千上萬的人被慘無人道地殺死，德國納粹通常先用毒氣把猶太人毒死，然後再集中放進焚化爐焚燒。許多猶太壯年人在被殺之前像奴隸那樣強迫勞動。在對猶太人實施屠殺行為之前，德國人制定了一整套政策，對猶太人極盡污辱和詆毀。在二戰期間，納粹共殺死六百萬猶太人，這個數字相當於戰爭前歐洲猶太人總數的三分之二，全世界猶太人總數的三分之一。

二戰期間其他民族也遭受了深重災難，但只有猶太人，或許還有一些吉普賽人，完全是因為種族主義而遭毀滅的。

的存在主義神學家，他的神學思想是建立在抵制那些因納粹屠猶而對上帝全盤否定的思潮之上的，他肯定了上帝在歷史上的存在，並認為：「納粹屠猶以後，『猶太哲學的重構』（A philosophical Tikkun）是可能的，因為在納粹屠猶期間重構過程就已經開始，儘管是零星的」；以色列人的「重生」、以及同採用自我批判態度的基督教建立新的對話關係是猶太哲學重構的關鍵。法根海姆還強調指出：除了猶太教傳統的613條教規外，還應再增加第614條教規 —— 對那些在大屠殺中幸存下來的猶太人，他們應該牢記一點：永遠不要對上帝絕望，至少我們在希特勒死後獲得了勝利。

索羅維斯克（Joseph Dov Sloveitchik）更詩化、對上帝和歷史的理解更傳統一些，他說：「在恐怖的深夜中……，在上帝隱匿之夜……，在那些懷疑者和變節者的心中……響起敲門聲，這是一種愛的扣擊，是上帝在猶太人生活中顯示他的七種偉大的啟示 —— 政治、軍事、文化、神學、生活價值、公民權和以色列土地的繁榮」。

關於納粹屠猶的神學反思所給予我們的答案同人們在早期猶太傳統的淵源中所發現的答案驚人地相似；通過苦難得以救贖的理論變化最大，神學家們對猶太人的當前處境非常敏感，他們運用現代心理學和社會透視的眼光，重新對古老的救贖思想加以解釋。以魯賓斯坦為代表的一批神學家，強烈主張對傳統概

念上的上帝重新加以修正，即使像魯賓斯坦這樣極端的神學主張也一直在遵從一個更為古老的神學思潮，這是對尼采（Nietzsche）哲學的回應所迸發出的火花。

上帝

　　為什麼猶太人在星期一要誦讀《詩篇》第48章，來慶祝上帝從侵略者亞述人（Assyrian）手中歸還耶路撒冷？以色列·李普舒茲（Isreal Lipschütz, 1782–1860）是著名的《密西拿》（Commentary）評注家，他以經常連續三天禁食而聞名。李普茲對此的解釋是，猶太人在星期一誦讀《詩篇》第48章是延續星期天對上帝創世的讚美（《詩篇》第24章），它表明上帝創世後並沒有「退回天空休息從而忽略他的孩子們」，他從天堂來到西奈山，向人類顯示他的啟示。

　　對此有兩種尖銳的批評。他首先拒絕了猶太人（還有基督教和穆斯林的）的中世紀宗教哲學思想，中世紀猶太宗教哲學認為：上帝的功能，作為一切抽象存在的第一推動力和淵源，遠遠超出人的理解力。李普茲同時也拒絕了18世紀相當盛行的「自然神論」（Deism）哲學，自然神論承認上帝的存在，但認為上帝和人類之間的距離無限遙遠，上帝也不會同人們日常生活中的事件發生聯繫，上帝也不關心人們對宗教信條的爭議。李普茲的上帝觀認為：上帝同人類非常接近，同

時上帝也非常關心「他的孩子們」的日常生活，為此上帝把啟示顯示給人類。

李普茲重新把握和認識到了聖經中和拉比傳統中的上帝，一個生動的上帝，他深入到對人類的影響之中。李普茲以後的大多數猶太哲學家承襲了李普茲的這一上帝觀，同時也徹底否定了中世紀哲學中抽象的、可定義的和一切存在的明證這樣一種上帝觀。

一旦提到一位關心的參與的上帝，就開始賦予了上帝一個特徵。改革派思想家，像柯恩和萊沃·比克(Leo Baech)，以及「現代正統派」拉比，像參孫·拉斐爾·希爾施(Samson Raphael Hirsh)，他們認為上帝是一個倫理意義上的上帝。在對托拉進行重新解釋時，以希爾施為例，甚至對於祭祀體系中最深奧的一些細節，他們也給予倫理價值的極大關注，自此以後，《托拉》成為以色列人向世界宣明倫理道德的使者。

馬丁·布伯(Martin Buber, 1878–1965)和埃瑪紐爾·利維納(Emanuel Lévinas)把信仰放在與上帝的關係中加以討論。布伯在他寫的一本小冊子，書名叫《所有生命的相遇》(*Alles Leben ist Begegnung*)中聲明：最關鍵的事情是，你必須要擺正你同上帝(你和他)以及你和他人(我和你)之間的關係(我和你，而不是我和他，I-Thou, rather than I-It)；從這樣一種關係出發，是上帝的「天啟」的實質，是倫理行為的洋溢；法律和法規不能代替「天啟」的倫理和道德規範，否則，便是毀滅。

關於上帝的論述還有很多。卡普蘭(M.M. Kaplan)說：在猶太文明的進化中，有一個非超自然的上帝；索羅維斯克(J.D. Soloveitchik)說：上帝的律法(*Halakha*)、上帝的崇高的啟示是通過一個完善的、一個預先設置的律法系統加以表述的，上帝用來對抗和治愈人類分裂的方法，隱含在科學的世界和宗教世界中。哈西爾(A.J. Heschel)說，富有「人性」的上帝強調人類的感覺，同人類共享希望、歡樂、憂傷和痛苦；伯洛維茨、諾瓦克和哈特曼(Borowitz, Novak, Hartman)認為，同人類立約的上帝，他的倫理和宗教需求，通過與他立約的以色列民族傳遞給全人類；魯賓斯坦和喀什納(Rubenstein, Kushner)認為，在納粹屠猶期間，儘管上帝沒有拯救那些犧牲者，但在上帝沉默和無為的表面下，人類卻發現了他們最最需要的精神力量；布魯邁瑟爾(David Blumethal)說，甚至可以「譴責上帝」，但我們必須尋求與上帝和好的途徑，正像那些在父母手中受苦的孩子一樣。

不管人們如何看待上帝，上帝是存在的，是生動的，有影響的。上帝沒有死，他將引導我們走向另一個起點。

女權運動

18世紀晚期，啟蒙運動和產業革命，推動了經濟增長和社會生活的變化，同時也孕育了歐洲的女權運

動，也就是婦女解放運動。法國大革命期間，法國的婦女公共俱樂部曾提出這樣的口號：「自由、平等、博愛」，這一口號適合全人類，不分性別。

科學研究已經證明，男女之間所謂的許多不同，不是生理因素決定的，而是社會文化傳統長期影響造成的差別。從語言自身來說，婦女 (women) 一詞通過使用男性集合形式 (men)，婦女被看作是「無形的」和「其他的」，並使婦女從屬於男性。現在，婦女組織十分強調家庭中男女的平等地位，並積極為婦女爭取墮胎權，同時也努力使社會認同女同性戀者。那麼，所有這些是如何衝擊猶太教的呢？

《聖經》、《塔木德》和前現代猶太教 (pre-modern Judaism)，對族長制 (Patriarchal) 和社會權威模式採取認同態度。《聖經·創世紀》2–3 講述了上帝用亞當 (Adam) 的肋骨創造了夏娃 (Eve)，和亞當被引誘吃禁果的故事。吃禁果導致了理想天堂的喪失，並使夏娃處於低下的位置合法化。不管是好的形象 (士師 Deborah，先知 Huldah) 還是惡的形象 (女王 Athaliah)，只有在某些女權社會 (女族長，Miriam, Ruth 和 Esther) 或者男性社會中的少數例外，婦女才會顯得出類拔萃和有影響力。所以完全可以說，上帝是男的。

但是《聖經·創世紀》1:27 已經相當明確地宣佈：「上帝按照他自己的形象創造了人類；上帝按照他自己的形象創造了他；上帝按照他自己的形象創造

了男人和女人。」這句話暗示我們在使用「上帝造人行為」(model human behaviour)這一概念時不應該明確區分男人和女人。與此相一致，拉比傳統中關於「上帝造人」的系統闡述，除了男性角色之外，結合了與女性相關的美德：「如何跟隨上帝走？有沒有記錄說『你的主宰上帝是熄滅之火』？人應遵從上帝的啟示，並在上帝的引領下前行。你也應該像上帝那樣，給赤身者衣物以蔽體，探訪病人而不棄，寬慰喪失親人者以重新振作，埋葬亡人而有歸宿」。顯然男性特徵在此沒有強調。我們被規勸要效仿的正是上帝的關心與仁慈，而不是他在公正原則上的報復和強迫。

如果在猶太傳統中上帝的女性形象的獲取是有限的，那麼再創造新的形象是否有意義呢？麗塔·克勞斯(Rita M. Gross)女士認為，在祈禱中一些我們熟悉的關於上帝的稱謂應該變成陰性的。例如，*ha-qedosha berukha hi* —— the Holy One, blessed be she (上帝獨一，感謝主) —— 應該用在現在用陽性稱謂的地方。她列舉了需要譯成猶太術語的五個基本女神概念：

- 「對立面的一致性」或「含義兩可的象徵」；
- 可以聯想到母親的上帝形象；
- 創造的兩個方面，母性和養育；
- 智慧的給予者、學者和學習的贊助人；
- 維護「性」作為神性的一個方面。

她做了如下的總結：

在漫長的世紀中，神的含義喪失了或受到了嚴重地削弱，以致當我們說到上帝時，好像她（他）只是一個男性，但如今恢復了神的本義。它們似乎同內在的可接受因素有關，和其本性有關，是該到恢復其本來意義的時候了。好比一個窑罷，內部的空間和輪廓曲線是決定性的因素。這是多麼鮮明的對比啊，介入與超脫，歷史和發展，闡述、展現和一目了然！

猶太教重建主義自1968年創建以來，始終把女性放在同男性平等的地位，完全消除了性別差異。在婦女問題上，重建主義已遠遠超出了其他教派。改革派是逐漸爭取到婦女平等地位的，許多改革派成員正在嘗試對祈禱儀式進行改革。例如，他們把祈禱詞「上帝，我們的聖父，亞伯拉罕，以撒和雅各布」改為「上帝，我們的先祖，亞伯拉罕，以撒，雅各布和薩拉（Sarah），利百加（Rebekah），拉結（Rachel）和利亞（Leah）」。猶太教保守派在遵從猶太教法的同時，也在努力爭取婦女的平等地位，1983年保守派決定任命一些女拉比，這在這一運動中引起異議。

正統派仍堅持在會堂祈禱中男女分座；不允許婦女誦讀托拉；婦女不能算作「法定祈禱人數」（the

prayer quorum），當然，婦女更不能被任命為拉比。另外，正統派還嚴格遵從猶太教法中有關限制婦女權利的其他一些條款。即使這樣，正統派也不能無視正以發展起來的女權運動，受女權運動的衝擊，正統派已允許婦女接受教育和參加社會公益事業，這不被看作同猶太教法相違背。本世紀初，在波蘭發起了「貝爾‧亞庫運動」（the Beil Yaakov），該運動主張發展女子教育。自本世紀中葉以後，正統派內部又掀起一場「新月運動」（*Rosh Hodesh* Movement），要求承認婦女為「法定祈禱人數」和婦女受教育的權力。正統派的其他一些組織也主張採取積極措施保護正統派社區婦女的合法權益。

第九章
「永恆的律法」，變化的時代

　　快結束了。在這最後一章，讓我們盡快地按順序考察一些事例，我們可以了解到「制訂猶太法的拉比」（poskim）是怎樣利用傳統的律法來處理當代問題。這是一個嚴肅的課題。如果《托拉》真地像它的信仰者所聲稱地那樣是一部「永恆律法」，那麼，在任何時候、任何地點，它都應該成為解決任何問題的指南。一般的道德準則在《聖經》和《塔木德》中都可以找到，但對於一些特殊問題，《聖經》和《塔木德》卻不能很容易地給我們一個清晰明了的答案。

　　在猶太教中，通過猶太法（halakha）可以為我們的特殊問題找到答案。因為猶太法原理的建立過程是以過去的史料為基礎的。

　　現代生物科學和醫療技術在經濟、立法和倫理道德諸方面產生了許多新問題，而猶太律法在形成過程中幾乎沒有考慮過這些新問題。我們在本章中的說明將全部來自這個挑戰的領域，在這個領域中有成千上萬個拉比的「問答」（Responsa）已經被出版。目前，猶太律法在醫療倫理方面所面臨的問題最多，例如，在

耶路撒冷的塞瓦・茲迪克(Shaare Zedek)醫院，已允許人們對猶太律法的主導地位提出置疑；在一些大學的學院，例如，在比沙瓦(Beer Sheva)的本・伽雷昂(Ben Gurion)大學的醫學院已把猶太醫療倫理學(the Jewish Medical Ethics)列入教學內容；一些拉比組織，像「美國拉比協會」(the Rabbinical Council of America)，也定期對涉及醫療倫理的猶太法進行調整；猶太教各派別的一些專家學者也紛紛著書立說。

保守派和正統派的拉比都聲稱他們的判定是以猶太法為基礎，但保守派更強調律法的歷史內容。

猶太律法的正確性並不能使所有的人都信服。高迪斯(Daniel H. Gordis)認為：「對於人工授精(AID)，正統派所真正反對的，不是因為人工授精本身違反了猶太律法，而是因為人工授精使已婚婦女因其他男人(而不是自己的丈夫)的精液而受孕這一行為；正統派所真正關注的是性關係、父母的身份及婚姻的自然特徵。」但是假如這些是我們拒絕人工授精的基本爭議點，但以理評論說，「那麼我們應該依據這些爭議本身所擁有的(本質內容)來討論並給出一個明確的說法，而不是通過與猶太律法相關聯的第二性的東西來模糊具有突出地位的猶太律法。」所以，他願意不把猶太法原理作為一法規系統去分析，而是作為資料，在其中尋找人類意義的內含和神學概念的形成過程，即我們的醫學倫理的制訂應基於此。但以理的這一觀

點非常接近猶太教改革派和重建主義的立場。

　　道夫(Elliott Dorff)，集中在人的生命終結這一命題上，認為正統派和改革派的觀點都不能令人滿意。他認為正統派嚴格拘泥於猶太律法和先例，因此在實踐中常常出現謬誤和過於武斷的推論，因為他們不承認在先例生成的年代同當前我們所處的時代醫療條件明顯的差別。改革派失敗在於借助「契約義務」(covenantal responsibility)的概念，這本身缺乏猶太律法的約束力，同時，與自由主義的世俗倫理也沒有太明顯的區別。總體而言，埃雷特·道夫比較偏愛保守派的觀點，認為保守派的觀點分三個階段。首先，研究猶太教和猶太律法必須要同它的歷史內容相聯繫。只有在此基礎上，我們才能認同當今時代同猶太律法形成年代的聯繫和差別；而只有承認不同時代的差別，人們才能夠借助傳統的猶太律法來解決當代問題，不僅僅使用單純的立法推理而且還使用「神學的思考來關注由上帝按照他的形象所造出的人類，即我們本身的一些自然特徵」。

流產

　　墮胎在猶太法中是被禁止的，但不認為墮胎就是殺人。既然不是殺人，就會出現這樣的可能，當即將出生的嬰兒威脅到母親的生命時，墮胎比那種順其自然以致最終威脅到母親生命的辦法更為可取。關於墮

胎的基本原則形成於《密西拿》：「當婦女在生產時遇到生命危險時，如果孩子還在母親的腹中，那麼就要首先保全母親的生命，因為母親的生命要先於其他的生命；如果孩子的大部分已從母腹中出來，我們就有責任來挽救這個小生命，因為我們不能在挽救一個生命的同時置另一個生命於不顧。」

顯而易見，臨產婦女被挑釁者(在這裏指胎兒)所糾纏，看來處在一種受難者的境況，對此猶太律法規定：受難者應被挽救，為了挽救受難者即使犧牲糾纏者(這裏指胎兒)的生命也是必須地。按照同樣的邏輯推理，這一律法規定也同樣適用於「大部分已經脱離母腹」的情況，因為即將出世的嬰兒幾乎完全是一個毫無意識的胎兒。17世紀波蘭的拉比約沙瓦·弗克(Joshua Falk)在解決這類問題時認為：出生過程中的胎兒不能說他沒有生命，因為他畢竟是自然世界的產物，也不能說母親的生命先於胎兒的生命，但一個未出世的胎兒卻完全不具備「人」的意識(nefesh，字面意思是「心靈」，在這裏指人的意識)，因此，儘管胎兒不能被濫殺，但他或她仍然只是一個「胎兒」，不能被認為是完全意義上的「人」。

巴薩拉徹(Yair Hayyim Bacharach, 1638–1701)認為：如果不是出於提高道德水準和抑制男女亂交的需要，人們是否會允許一個因通姦而有身孕的婦女實施流產手術，以避免因「懷有可指責的孽種」而帶來的災難

性破壞？18世紀雅各布‧埃米頓(Jacob Emden)也提出了類似的問題：人們是否會允許那些身懷姦夫之子的婦女實施流產手術，以挽救她們可能遭到的毀滅性災難，儘管她們的生命沒有受到威脅？現在，對那些因懷孕而帶來極大災難和羞辱的婦女，如果胎兒不足四十天，政府已考慮準備允許她們實施流產手術。

進入20世紀，負責對猶太律法進行解釋的兩位拉比就是否准許墮胎這一問題展開了激烈辯論，並使這一問題的討論達到高潮。這兩位拉比是摩西‧分斯汀(Moshe Feinstein, 1895–1986)和埃雷扎‧亞胡達‧沃頓伯格(Eliezer Yehuda Waldenburg)。當已經知道胎兒染有某種疾病，可能會造成先天性的身體和心智殘缺或失明或失聰並有可能導致孩子在三四歲之間死去，在這種情況下，是否准許墮胎？沃頓伯格引用埃米頓的先例，認為為了避免對母子帶來巨大災難和悲劇，應允許墮胎，即使孕期已經超過了七個月。分斯汀反對沃頓伯格的觀點，認為既然母親的生命沒有受到直接威脅，那麼，實施流產手術儘管在技術上不能認為是殺人，但在道德範疇內作為一種殺人形式卻應該被禁止。分斯汀非常關注當今美國社會正在不斷上升的一種趨勢：美國社會各界，包括醫療界及一些個人團體對墮胎表現出愈來愈寬容的態度；出於對傳統道德的強烈關注，分斯汀堅決反對墮胎。

猶太法中沒有任何支持或反對墮胎的論述，它所

關注的只是婦女的生命權要超過胎兒；男人的權利要超過女人。而在我們的討論中所關注的僅僅是：a. 婦女自己的生存權，b. 胎兒的生存權。當我們強調胎兒的生存權利時，必然要同其他權利發生衝突；儘管我們所強調的人權概念僅指人出生後才賦予的一切權利。

沒有任何猶太權利機構把這僅僅作為控制人口出生率的一種手段而允許墮胎。

人工受精

無論猶太律法支持或反對人工受精，它都會面對三大問題：

1. 一個已婚婦女不是通過她的丈夫，而是其他男人的精液而懷孕，而且不是通過自然的交配方式，那麼，這樣的婦女可否應認為是一個「姦婦」？她的孩子是否應算私生子？（*mamzer*，不合法）

2. 即使使用自己丈夫的精液，婦女在月經期或在月經期的最後沒有淨身時，人工受精是否可以進行？

3. 手淫在其他條件下是被禁止的，但丈夫或捐獻者的精液該用何種方式提取？

儘管人工受精成為20世紀一個新奇的問題，但在

塔木德中我們仍然可以找到這樣的先例。塔木德提到一位處女在浴池中因偶爾吸收了沉澱在水中的精液而懷孕，在中世紀這個事例引起的爭論很大。據西蒙·本·茲杜拉(Simon ben Zemah Duran, 1361–1444)記載：一位非猶太人和一位拉比曾告訴他關於他們認識的一些少女用這種方式懷孕的事例。也許他有點過分輕信，但即使這個事例純屬想像，作為法律上的先例也已經被確認。

拉比摩西·分斯汀認為：(從延續後代的角度看)人工受精作為一種性行為(的輔助方式)不應被禁止，也不能看作是通姦行為，用這種方式孕育出的孩子也不應該被看作私生子。他的這番議論不是鼓勵人人都去實踐人工受精，而是強調作為一種醫療輔助方式不應受到禁止。

分斯汀對人工授精的寬容態度遭到拉比雅各布·布雷茨(Jacob Breisch)的嚴厲攻擊，雅各布·布雷茨斥責那種由捐獻人(不是丈夫)提供精液的人工受精方式，認為這是一種邪惡的、應被禁止的和令人惡心的行為；但與此同時，他卻認同了由丈夫提供精液的人工受精方式，認為以這種方式出生的孩子應看作合法，母親也不能被看作姦婦。雅各布·布雷茨對人工受精的態度似乎更強調猶太社會的公共關係而不是猶太律法；他感到在道德問題上猶太人不應該比基督徒更為寬容，他認為應該像天主教那樣嚴厲譴責人工受

精這一行為，如果猶太人對這種行為過於寬容，那麼猶太教的尊嚴將會受到貶低。分斯汀立即拒絕了這種觀點，這或許反映了美國猶太人和歐洲猶太人在這一問題上所持有的不同態度。

分斯汀的激烈反對者，塞特瑪(Satmar)哈西德派拉比約·泰特保莫(Joel Teitelbaum)認為：一個已婚女子如果因其他男人(而不是她的丈夫)的精液，以任何方式，包括因沉澱在水中的精液或以人工受精的方式而懷孕，那麼就應該判定這種婦女為「通姦」。但是，分斯汀會毫不困難地在猶太律法中為自己的觀點找到支持，他認為許多反對人工受精的拉比，其觀點都缺乏猶太律法的支持。

安樂死

有三種形式的「仁慈致死」方法可以考慮。「優生安樂死」(Eugenic euthanasia)是對那些嚴重傷殘或喪失社會意識的個體實施的一種「仁慈致死」法，「優生安樂死」在猶太教內部得不到支持。其他兩種是「積極安樂死」和「消極安樂死」。積極安樂死即採用藥物或其他治療方式使垂危病人盡快擺脫病痛；消極安樂死即停止治療允許垂危病人自然死去。這兩種形式的安樂死目前在猶太教內部爭議最大。

在早期拉比經典中有一種較為模糊的說法，「從各個方面來說，垂危病人也應該被看作是活人……，

人們不可以固定他的下頜，使他停止張開……不要移動他……人們不能把垂死之人的眼睛閉上。如果任何人去碰或移動垂死之人，那麼垂死之人將會發生血崩，正像拉比梅阿(Meir)所說『這就好像搖曳的火苗，任何人只要輕輕一碰，他就會立即消失』，而且如果一個人把垂死之人的眼睛關閉，就等於拿走了他的生命。」(除了上面的規定外)主要規定還有：如果有些事情，例如，伐木的聲音——會阻止「心靈的逝去」，因此為了讓垂死之人平靜的死去，人們應該停止這些活動。

早期猶太經典關於臨終關懷的這兩大原則構成了積極安樂死和消極安樂死的主要區別，安樂死在很大程度上繼承了猶太傳統，並在此基礎上加以提煉使之更加適應當今社會的需要。按猶太傳統，積極安樂死通常被認為是謀殺，而消極安樂死在某些情況下是許可的。醫生總是盡最大努力來挽救和延長病人的生命，即使是短暫的時間，即使讓病人忍受巨大的痛苦。現在，一些猶太權威人士認為撤回「生命支持」(life-support)的手段不像在猶太律法經典中所提到的「消除伐木的聲音」；「生命支持」是一種積極的治療手段，而對死亡來說，任何外在的事物都是一種障礙。關於其他的一些差別我們還不能確定。

沃頓伯格認為應允許對那些垂危病人使用麻醉藥和止痛藥以緩解他們的病痛，即使這些藥物會壓迫呼

吸系統的活動或會加據病人的死亡，假如情況許可的話，給病人用藥的目的僅僅是緩解病人的痛苦。而且，對於那些身患絕癥，不可逆轉的病人，不要引進「生命支持」的人為手段，儘管現在人為的「生命支持」儀器已經連在了那些病人身上，但根據猶太法規定，連在那些垂危病人身上的儀器在病人去世之前不應該被斷開。為了避免與猶太律法關於死亡的後一條規定發生衝突，沃頓伯格提出一個新奇的建議，建議在病人的呼吸器上安裝一個自動計時器，在規定的時間內使呼吸器自動與病人脫離。人們或許會採取更積極的決定來繼續他們的治療，但這種做法通常不被採納，除非病人或病人的家屬有這種治療願望。

20世紀的太姆（Tosafist Jacob Tam）似乎在暗示人們為了使個人生命避免遭受巨大痛苦，應允許人們採取積極行為來結束病人的痛苦，儘管我們不清楚他是否僅僅指在拯救個體沉重罪孽這個意義上說的。薩瓦（Byron L. Sherwin）也曾引用陶塞費特的話和他的一些類似的規定並以此為基礎提出重新思考積極安樂死這一行為；作為正統派成員，這些觀點是相當超前的，儘管保守派和改革派早已在這一問題上擔負起責任。

即使人們沒有採取任何積極措施，我們也要採取一些消極措施來加速那些遭受病痛折磨的人的死亡，許多猶太法學家認為：為了他或她解除痛苦而進行祈禱是許可的。塔木德本身有一些這方面的記載，顯然

是許可的，例如，猶大·哈－納西的女僕在看到主人痛苦時，曾真誠地為他祈禱，「那些在上的(例如，天使)追隨着先生，那些人間的(例如，猶大的朋友和門徒)追隨着先生，或許在上的要最終勝過那些人間的。」19世紀，土耳其拉比佩萊格(Hayyim Palaggi)認為：最好由與病人沒有直接關係的人來為病人祈禱，因為病人的親屬此時由於悲傷，內心不平靜，不適合為病人祈禱。

母親身份的代替人

按照猶太法，母性(maternity)和父性(paternity)是同「自然」的父母關係相連的，即使通過法庭、通過法律上的收養手續也不能改變這種自然屬性。如果一位婦女移植了她人的卵巢、卵子或把她人腹中的胎兒移植到自己體內，通過這種方式生育出的嬰兒，從遺傳學的角度來說，嬰兒不屬於這位婦女，而猶太法卻允許這位婦女成為一名受尊敬的「母親」，即使是養父母，也應該得到社會的承認和養子的尊敬。那麼，遺傳意義上的母性關係和妊娠意義上的母性關係之間的差異是如何影響人們對繼承關係及亂倫的評判？還有，作為頭生子的贖罪儀式將如何進行？這一切都要取決於猶太教對這一行為的態度。

現代正統派似乎已準備承認這樣一個事實，如果胚胎移植在某位婦女的身上發生，即使隨後胎兒被移

植，那麼孩子也應該屬於這位婦女。有人持這樣一種觀點：胎兒的移植必須在懷孕四十天之內進行，因為四十天以內的胎兒還「僅僅是一團水」。如果靠試管產生胚胎過胚胎移植受孕並最後使胎兒出世的婦女應該是孩子的母親。同樣，通過卵巢移植而受孕的婦女也應該為孩子的母親。

顯然，正統派是有意忽略對遺傳因素的考慮，至少，她們是站在猶太傳統的角度來考慮問題，從這一角度出發，自然會忽略遺傳因素的考慮。《塔木德》對性再生產角色的理解是：父親為下一代的產生提供「種子」(seed)而母親則是孕育後代的「土壤」(soil)，這與我們今天所理解的由父母雙方為後代提供基因是不同的。因此，布萊什(J. David Bleich)對塔木德章節的分析所得出的結論是錯誤的，他認為「配子(the gamete)的產生是母性認同建立的前提」；猶太律法生成的年代，人們根本不了解什麼是「配子」，更談不上對「卵子」的了解。

結論

當對猶太律法進行裁決的拉比(*poskim*)從《聖經》、《塔木德》和拉比傳統中尋求指南並以這個指南來看待現代社會的各個領域時，他們幾乎都能從不同的領域得出相似的結論。這些領域包括：婦女地位、戰爭的實施、商業道德、綠色環保、人際關係及

宗教儀式等諸多方面。猶太教正統派、保守派和改革派在所有這些領域的每個領域，按照不同的方式來運用猶太律法。

傳統的猶太教義經過哲學和神學的反思使之成為現代社會人們易於接受和理解的教義；納粹屠猶的結果是，人們開始關注自身並對心靈深處進行探討；猶人人的傳奇經歷，對他們駕馭政治的能力提出了挑戰。自中古時期以後，猶太世界無論在理性還是在情感上都從沒有出現過像今天這樣巨大的動盪。

然而，猶太世界從沒有產生如此強烈地反響。我們對猶太教簡單的回顧已經表明：猶太人豐富的經歷以及他們對此所作出的各種各樣的反映，這一切似乎給了我們這樣一個明證，古老傳統持久的生命力就在於它能不斷地更新自身以適應變化的世界。

猶太社會前面的路程還很不平坦。和平依然遠離以色列土地，散居世界各地的猶太人面臨着被同化，並且人數在不斷減少，宗教和政治的紛爭還在繼續。然而僅靠一種平庸的精神是不能在紛亂和動盪的社會中分辨是非的，只有對猶太傳統抱着一種重新發現和更新的意識，猶太教的傳統信仰和猶太民族才會擁有一個美好的未來。

附錄

A 猶太教的十三條信仰條款

由摩西‧邁蒙尼德(Moses Maimonides)在《密西拿》評注中第一次歸納，時間是公元1160年。

我堅信完美無瑕的信條，它們是：

1. 創造主創造一切並管理一切；
2. 創造主是獨一無二真神；超出一切；永恆存在；
3. 創造主無形無體無相，是不可比擬的；
4. 創造主是最先的，也是最後的；
5. 創造主是獨一可敬拜之主，此外別無他物；
6. 先知向世人所傳達創造主的一切話語皆真實無誤；
7. 先知摩西是真實的，摩西是先知之父，是最偉大的先知；
8. 猶太律法是神向摩西所傳，不能更改；
9. 猶太律法永不改變，也不會被取代；
10. 創造主洞察人的一切行為和思想；
11. 創造主向遵守他律法的人施與獎賞；向踐踏他律法的人施與懲罰；
12. 彌塞亞必將降臨，要每日期盼，永不懈怠；
13. 相信死後復生。

B 改革派猶太教的《費城宣言》

費城大會於1869年11月3–6日在美國的費城召開。
原則聲明

1. 救世主彌塞亞降臨以色列的目的，不是為了重新恢復大衛王後代的猶太國，並再次卷入地球上的國土紛爭和民族糾紛；彌塞亞降臨是為了團結上帝的所有子民，使他們宣明上帝獨一的信仰，並最終實現全人類的團結，喚起他們對道德的尊崇。

2. 有人把猶太第二帝國的毀滅看作是上帝對猶太人所犯罪孽的懲罰，我們反對這種解釋並認為，第二帝國的毀滅正是上帝向亞伯拉罕傳達神聖啟示的開始，這一神聖啟示隨着世界歷史的發展已變得愈來愈清晰：猶太人的神聖使命是讓全人類真正了解和認識上帝的真理並尊崇上帝，為了實現這一神聖使命，猶太人目前已散居到世界的各個角落。

3. 亞倫的 (Aaronic) 祭祀制度和摩西的 (Mosaic) 犧牲禮拜是整個人類真正信仰的前奏，這種信仰始於散居到世界各地猶太人；同時也是真誠奉獻和道德聖潔的獻身精神的前奏。這是惟一愉悦並為上帝所接受的精神。這些制度作為更高層次信仰的準備，隨着第二聖殿

的毀壞而永遠屬於過去，只是在這種意義下──作為過去一種有教育意義的影響──它們將在我們的祈禱詞中提到。

4. 亞倫的後代（Aaronides）及猶太人的其他後代，無論在宗教儀式和宗教義務上，他們之間的任何差別和不同，在宗教崇拜和社會生活中都將是不許可的。

5. 以色列人是上帝的選民，是人類最高理想的持信人，無論在過去、現代和將來，我們都要始終強調這一點。這樣做很重要，因為它使猶太人時時牢記所擔負的神聖使命並堅信上帝對他子民的愛。

6. 相信肉體死後復生是沒有任何宗教基礎和宗教依據的；「十三條信仰原則」中的第十三條所說的「死後復生」僅僅是指「靈魂」的不朽和永存。

7. 加強猶太人對希伯來語的修養是必要的和迫切的，因為神聖的啟示是用希伯來語下傳的；幾乎影響了所有文明國家的拉比文學，也是用希伯來語寫成並流傳下來的。對我們來說，加強希伯來語的修養，應成為我們在履行神聖使命過程中的始終願望。然而，現在我們的大多數同信者已不能理解希伯來語，因此，在現存的環境條件下，我們必須

要讓他們用一種他們可以理解的語言進行祈禱。如果對祈禱語言不理解，那麼，祈禱將變成空洞的、沒有靈魂的形式主義。

另外，大會還通過了婚姻法，並接受了確認猶太身份和地位的「母系原則」（the matrilineal principle）。這一原則進一步強調：只要孩子的母親是猶太人，那麼孩子就應看作是猶太人，即使男孩沒有實施割禮。

推薦閱讀書目

要想更多的瞭解猶太教，最簡便的方法是去翻閱二十卷的英語版《猶太教百科全書》（*Encyclopedia Judaica*），1972年在耶路撒冷出版。還有眾多單卷本的詞典和簡易百科全書，包括一卷本的《猶太教》（*the Judaica*）。

多同猶太人交談，多讀猶太人寫的書，特別是猶太作家寫的小說和故事，從中瞭解他們的思想，像艾撒克·辛格（Issaac Bashevis Singer）、查梅·普土克（Chaim Potok）和維尼瑟爾（Elie Wiesel）等。也應該看一些關於猶太內容的錄像，聽一些關於猶太內容的CD等，另外同猶太人在網上交流，從中瞭解猶太教和以色列的情況也是一件很有趣的事。

儘管這樣，還是應該提出一點忠告。拉比猶太教的經典，包括《塔木德》，翻譯是比較方便的。但如果你真地想去探究猶太教的根源，甚至想翻譯它的經典，那你最好請一位老師。因為猶太經文比較零散，特別是由於文化的差異，他們的思維方式同我們自己的思維方式相差很大，因此你需要請一位專家來為你解釋經文的深層含義。

如果你在讀完本書後還想進一步瞭解猶太教，那麼請你閱讀我在本書的每一章為你列出的參考書目。下面是第一至九章（包括前言）的參考書目：

Introduction

Klenicki, Leon, and Wigoder, Geoffrey, *A Dictionary of the Jewish– Christian Dialogue* (New York: Paulist Press, 1984).

Kochan, Lionel, *The Jew and his History* (New York: Schocken Books, 1977).

Chapter 1

Lewis, Bernard, *The Jews of Islam* (Princeton NJ: Princeton University Press, 1984).

Meyer, Michael A., *Jewish Identity in the Modern World* (Seattle & London: University of Washington Press, 1990).

Webber, Jonathan (ed.), *Jewish Identities in the New Europe* (London and Washington: Oxford Centre for Hebrew and Jewish Studies with the Littman Library of Jewish Civilization, 1994).

Chapter 2

Shanks, Hershel (ed.), *Christianity and Rabbinic Judaism: A Parallel History of Their Origins and Early Development* (Washington: Biblical Archaeology Society, 1992).

Neusner, Jacob, *Vanquished Nation, Broken Spirit: The Virtues of the Heart in Formative Judaism* (Cambridge, London, etc.: Cambridge University Press, 1987).

Saperstein, Marc, *Moments of Crisis in Jewish-Christian Relations* (London/Philadelphia: SCM Press/Trinity Press International, 1989).

De Lange, Nicholas, *Origen and the Jews* (Cambridge: Cambridge University Press, 1976).

Chapter 3

Urbach, Ephraim E., tr. I. Abrahams, *The Sages* (Cambridge, MA and London: Harvard University Press, 1987).

Saadia, Gaon, tr. Samuel Rosenblatt, *The Book of Beliefs and Opinions* (New Haven: Yale University Press and London: Oxford University Press, 1948).

Twersky, I. (ed.), *A Maimonides Reader* (New York: Behrman House, 1972).

Sorkin, David, *Moses Mendelssohn and the Religious Enlightenment* (London: Peter Halban, 1996).

Chapter 4

Agnon, S. Y., *Days of Awe* (New York: Schocken Books, 1965).

Greenberg, Irving, *The Jewish Way: Living the Holidays* (New York, London: Summit Books, 1988).

The Jewish Catalog, complied and edited by Richard Siegel and others. (Philadelphia; Jewish Publication Society of America.) The first *Catalog* is undated, the second is 1976. These Catalogs and their successors are lively 'do-it-yourself kits' of resources for practical Judaism.

Chapter 5

The Daily Prayer Book of the United Hebrew Congregations of the British Commonwealth of Nations (Centenary Edition; London: Singer's Prayer Book Publication Committee, 1990).

Siddur Lev Chadash (Prayer Book) (Union of Liberal and Progressive Synagogues, London 1995/5755).

Green, Arthur S. (ed.), Jewish Spirituality (2 vols.) (New York: Routledge & Kegan Paul and London: SCM, 1987).

Jacobs, Louis, Hasidic Prayer; With a new introduction (London and Washington: Littman Library of Jewish Civilization, 1993 (2nd edition)).

Umansky, Ellen, and Ashton, Dianne, Four Centuries of Jewish Women's Spirituality: A Sourcebook (Boston: Beacon Press, 1992).

Chapter 6

Geffen, Rela M. (ed.), Celebration and Renewal: Rites of Passage in Judaism (Philadelphia and Jerusalem: Jewish Publication Society, 1993).

Chapter 7

Meyer, Michael A., Response to Modernity: A History of the Reform Movement in Judaism (New York, Oxford: Oxford University Press, 1988).

The Jew in the Modern World: A Documentary History, Paul Mendes-Flohr and Yehuda Reinharz (eds.) (New York and Oxford: Oxford University Press, 1980).

Alpert, Rebecca T., and Staub, Jacob J., Exploring Judaism: A Reconstructionist Approach (New York: Reconstructionist Press, 1985).

Raphael, M. L., Profiles in American Judaism: The Reform, Conservative, Orthodox and Reconstructionist Traditions in Historical Perspective (San Francisco: 1984).

Bulka, R. (ed.), Dimensions of Orthodox Judaism (New York: 1983).

Chapter 8

Vital, David, The Origins of Zionism (Oxford: Clarendon Press, 1975).

Marrus, Michael, The Holocaust in History (Penguin Books, 1987).

Blumenthal, David J., Facing the Abusing God (Louisville KY: Westminster/John Knox, 1993).

Plaskow, Judith, *Standing Again at Sinai: Judaism from a Feminist Perspective* (San Francisco: Harper, 1991).

Contemporary Jewish Religious Thought, Arthur Cohen and Paul Mendes-Flohr (eds.) (New York: Free Press, 1987).

Chapter 9

Bleich, J. David, *Bioethical Dilemmas: A Jewish Perspective* (Hoboken NJ: Ktav, 1998).

Feldman, David, Marital Relations, *Birth Control and Abortion in Jewish Law* (New York: Schocken Books, 1974).

Dorff, Elliot N., and Newman, Louis E., *Contemporary Jewish Ethics and Morality: A Reader* (New York, Oxford: Oxford University Press, 1995).

Bleich, J. David, *Contemporary Halakhic Problems* (vol. 3) (New York: Ktav, 1989).